O FUTURO DA EUROPA

Título original:
The Future of Europe: Reform or Decline

© 2006 Massachussetts Institute of Technology

Tradução: Pedro Elói Duarte

Revisão: Marcelino Amaral

Capa de FBA

Depósito Legal n.º 259642/07

Paginação • Impressão • Acabamento:
GRÁFICA DE COIMBRA
para
EDIÇÕES 70, LDA.
Junho de 2007

ISBN: 978-972-44-1412-6

Direitos reservados para Portugal
por Edições 70

EDIÇÕES 70, Lda.
Rua Luciano Cordeiro, 123 – 1.º Esq.º – 1069-157 Lisboa/Portugal
Telefs.: 213190240 – Fax: 213190249
e-mail: geral@edicoes70.pt

www.edicoes70.pt

Esta obra está protegida pela lei. Não pode ser reproduzida,
no todo ou em parte, qualquer que seja o modo utilizado,
incluindo fotocópia e xerocópia, sem prévia autorização do Editor.
Qualquer transgressão à lei dos Direitos de Autor será passível
de procedimento judicial.

ALBERTO ALESINA
FRANCESCO GIAVAZZI

O FUTURO DA EUROPA
REFORMA OU DECLÍNIO

Para Rudi Dornbusch

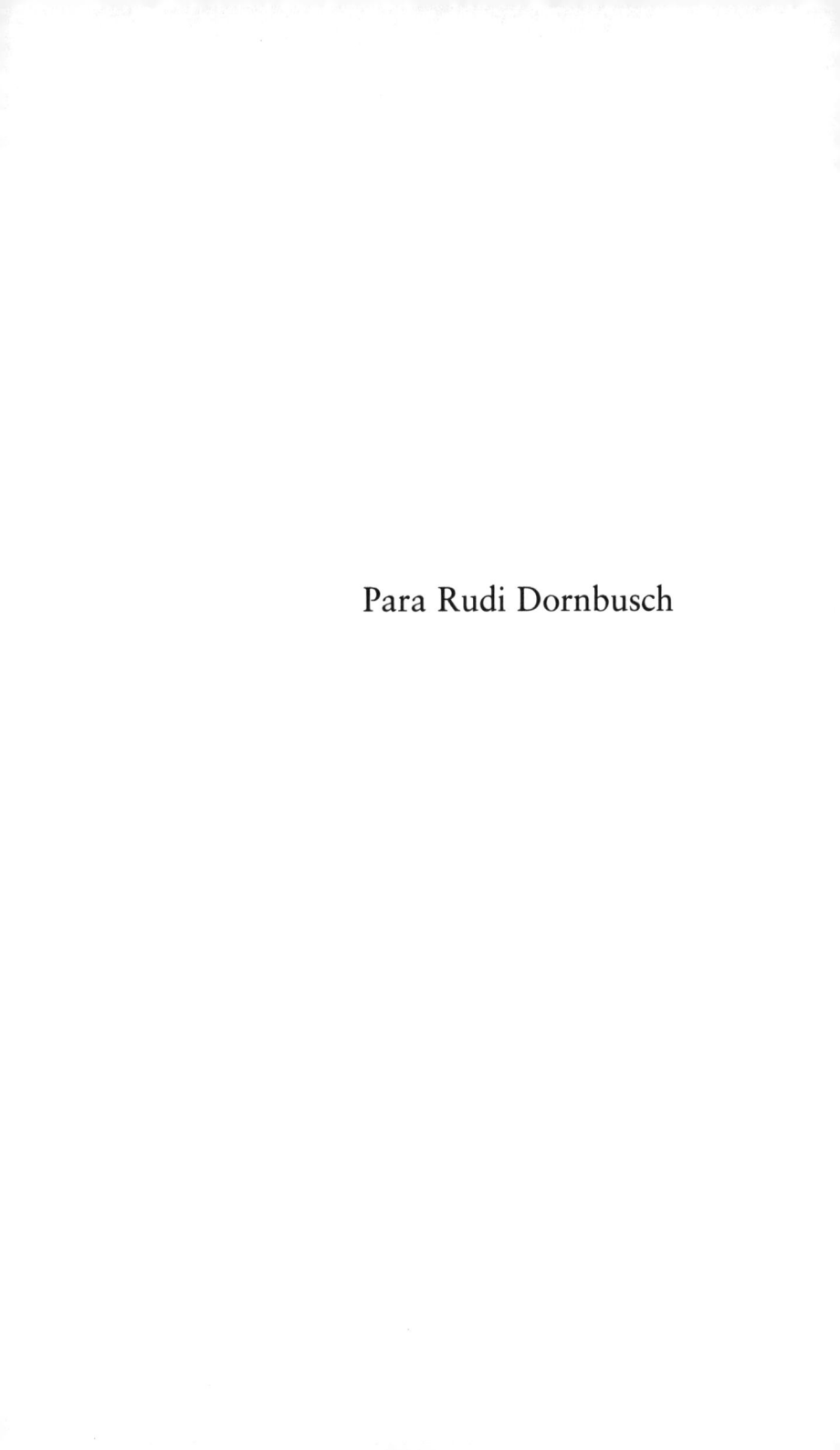

Índice

Prefácio	11
Introdução	13
1 A Europa e os Estados Unidos: Dois Modelos Sociais Diferentes	31
2 Lidar com Uma Sociedade Multiétnica	53
3 Americanos a Trabalhar, Europeus de Férias	69
4 Segurança no Trabalho, Leis Laborais e 14 Milhões de Desempregados	85
5 Tecnologia, Investigação e Universidades	97
6 Competição, Inovação e o Mito dos Campeões Nacionais	115
7 Os Grupos de Interesses Contra a Liberalização	129
8 O Sistema Judicial e o Custo de Fazer Negócios	141
9 Conflitos de Interesses nos Mercados Financeiros	151
10 Uma Europa Unida?	165
11 A Retórica do Dirigismo e da Coordenação	185
12 O Euro	197
13 Ajustes Orçamentais	209
14 Um Aviso aos Europeus	225
Índice Remissivo	235

Prefácio

Há já vários anos que pensamos nos temas discutidos neste livro. Abordámo-los, ora juntos ora de forma independente, tanto no contexto da investigação académica como em artigos publicados em vários jornais.

Este livro não pretende ser exaustivo. Deve ser breve, ágil e dirigido ao público interessado em geral. De certo modo, cada capítulo podia constituir, por si só, um volume. Embora tenhamos tentado apresentar os nossos argumentos de forma cuidadosa, queríamos ser breves, ainda que a custo de, por vezes, termos de passar por cima de subtilezas e qualificações. Os custos são óbvios; os benefícios, esperamos, são a provocação e o incentivo a que o leitor reaja e, até, que se irrite!

Algumas das ideias aqui apresentadas têm origem na nossa investigação académica com outros co-autores. Agradecemos-lhes pelos seus contributos inestimáveis; em especial, o nosso obrigado a Ignazio Angeloni, Roberto Barro, Olivier Blanchard, Federico Etro, Alberto Giovannini, Edward Glaeser, Robert Perotti, Bruce Sacerdote, Ludger Schucknecht, Enrico Spolaore, Guido Tabellini e Romain Wacziarg. Muitos destes investigadores comentaram também este manuscrito: agradecemos, em especial, a Olivier Blanchard. Para além dos nossos co-autores acima listados, gostaríamos de agradecer os comentários de Giuliano Amato, Franco Debenedetti, Angelo Cardani, Mario Draghi, Mario Monti, Andrei Shleifer, Guido Tabellini, Charles Wyplosz e de quatro comentadores anónimos da MIT Press.

Quando recorremos explicitamente aos nossos estudos publicados, fazemos a necessária referência. Nos outros casos, decidimos escrever num estilo jornalístico que não inclui referências explícitas às fontes. Pela ajuda na concretização deste manuscrito, agradecemos a Ornella Bissoli, Amelia Spinelli, Alessandra Startari e Yvonne Zinfon. Dana Andrus realizou, como de costume, o seu grande trabalho de edição de texto.

A investigação académica que deu origem a muitas destas ideias foi apoiada por bolsas da National Science Foundation, através do National Bureau of Economic Research (Alesina), e bolsas da Universidade Bocconi (Giavazzi).

Introdução

Uma sondagem recente, realizada na União Europeia, identificou os Estados Unidos como o maior inimigo da paz mundial, depois de Israel e da Coreia do Norte, nesta ordem. Nos Estados Unidos, os sentimentos anti-França são generalizados. As relações transatlânticas raramente estiveram num ponto tão baixo desde o fim da Segunda Guerra Mundial.

Seria superficial atribuir a animosidade transatlântica à aversão que a Europa sente pelo presidente norte-americano actual, George W. Bush, ou à irritação americana devido à oposição francesa e alemã à guerra do Iraque. A verdade é que os Americanos e os Europeus são diferentes, pensam de maneira diferente e estão a tornar-se cada vez mais diferentes.

Os Europeus trabalham menos, tiram férias mais prolongadas e reformam-se cedo. Os Americanos optaram por trabalhar mais. Em Agosto, se não contarmos com os turistas, Paris é uma cidade fantasma, tal como Milão; no mesmo mês, Nova Iorque não parece muito diferente de qualquer outro período, à excepção de haver mais turistas europeus. Os Europeus vêem a segurança e a estabilidade no trabalho como um direito fundamental e um passaporte para a felicidade. Os Americanos estão dispostos a suportar os altos e baixos, a falência e os períodos de desemprego como parte necessária de uma economia de mercado. Os Europeus tendem a conservar o mesmo emprego durante grande parte da vida, os Americanos mudam frequentemente de emprego. Os Europeus consideram inaceitável qualquer corte no Estado--providência. Os Americanos vêem os aumentos de impostos como um mal a ser evitado a todo o custo. Os Europeus vêem a desigualdade como um problema grave. Nos Estados Unidos, a desigualdade está a aumentar, mas os Americanos parecem dispostos a conviver com este facto. Os Europeus pensam que o uso da força nas relações internacionais quase nunca (leia-se «nunca») deve ser empregue. Os Americanos acreditam no uso relativamente frequente da força. A Europa está relativamente fechada a imigrantes estrangeiros. A América é um país de imigrantes. Os Europeus acreditam que a sociedade determina grande parte da sorte do indivíduo; os Americanos acreditam que os indivíduos são responsáveis pelo seu próprio destino. Os Americanos acreditam que a competição é fundamental para o sucesso económico e defendem-na. Os Europeus preferem enfatizar os benefícios de uma *Soziale Marktwirtschaft* (uma economia de mercado social), modelo inventado pela Alemanha, que significa colocar limites às forças do mercado através da regulação estatal.

Estas diferenças estão a tornar-se cada vez mais profundamente enraizadas. Em França, num recente debate antes da votação da Constituição Europeia, ambos os campos prometeram que iriam impedir que o país adoptasse um sistema social que se assemelhasse ao desprezado «ultraliberalismo» anglo-saxónico. A forma americana de capitalismo era o inimigo universal; o desacordo estava na melhor maneira de o combater e ser diferente. Na Europa, qualquer discussão sobre reformas económicas é antecedida por uma declaração acerca da superioridade do modelo europeu comparado com o americano. Na campanha eleitoral da Alemanha, em 2005, a candidata conservadora, Angela Merkel, prometeu mudanças profundas, mas comprometeu-se a não tocar nas características básicas do modelo social alemão. Para evitar a derrota, tudo o que o seu opositor podia fazer era assustar os eleitores alemães com os riscos do liberalismo de mercado. Deste modo, conseguiu uma fenomenal reviravolta eleitoral de última hora. Os Americanos, por outro lado, não mostram tendência para mudar o seu sistema de apoio social e torná-lo mais parecido com o europeu.

Nesta obra, discutimos os problemas com que a Europa se defronta, utilizando a estratégia retórica da comparação entre a Europa e os Estados Unidos a respeito de várias domínios. Mas isto não é um livro académico e não temos pejo em tomar partido nos temas que analisamos.

Somos bastante críticos a respeito de muitos aspectos do modelo europeu. Mas sejamos claros. Não afirmamos que os países europeus devam simplesmente copiar os Estados Unidos e adoptar políticas idênticas. A América está longe de ser perfeita; pelo contrário, tem problemas muito graves. Por exemplo, o sistema de saúde é extremamente dispendioso e muitos Americanos não recebem cuidados de saúde adequados. As cidades americanas do interior são um embaraço, e a correlação entre pobreza e raça é preocupante. A América tem muito que aprender com a Europa. Alguns aspectos do Estado-providência europeu podem assegurar a solidariedade social e, quando bem concebida, com um custo de funcionamento relativamente baixo.

Estamos então a dizer que há uma «terceira via» entre os modelos americano e europeu? Não, pelo menos no sentido vulgar em que isto é compreendido. Aqueles que dizem haver uma terceira via – e que falam de reformas europeias, mas, na frase seguinte, sublinham que a Europa devia ser diferente do «mercado livre americano» – são pensadores de meias tintas, cujo exemplo típico é a noção alemã de uma economia de mercado social. Uma economia de mercado é uma economia de mercado: as designações são enganadoras. Mas, longe de uma adesão vaga ou algo superficial a um ou a outro modelo, a nossa opinião é que a Europa deve empreender reformas vastas que tornarão os seus mercados e instituições (como as universidades e os bancos) muito mais parecidos com os dos Estados Unidos; evidentemente, estas reformas não requerem a adopção de todos os aspectos, por exemplo, do sistema de segurança social americano. A lição mais importante que os Estados Unidos podem dar à Europa é a crença de que as pessoas respondem aos incentivos e, na maioria das vezes, os mercados funcionam, ou pelo menos funcionam melhor do que qualquer outro mecanismo.

Sem reformas sérias, profundas e extensas, a Europa entrará inexoravelmente em declínio, tanto em termos económicos como políticos. Sem mudanças profundas, no espaço de 20 ou 30 anos a quota-parte da Europa na economia mundial será significativamente menor do que é hoje; e, talvez ainda mais importante, a sua influência política será muito mais diminuta. Os Europeus parecem viver no sonho da perenidade do seu esplendor passado e da sua prosperidade actual. Isto é um erro. De facto, há a séria possibilidade da ocorrência de um grande declínio europeu.

Consideremos a Grã-Bretanha. Os Britânicos precisaram de 20 anos de declínio económico e político para perceber que o seu país estava prestes a desaparecer da cena económica e política mundial. Em 1960, o PIB *per capita* da Grã-Bretanha era 78% do PIB *per capita* norte-americano. Em 1980, a percentagem descera para 67%. O declínio da Grã-Bretanha só foi travado pelas políticas adoptadas por Margaret Thatcher: em inícios dos anos 90, a diferença entre o PIB britânico e o PIB norte-americano *per capita* estabilizou nos 68%, ainda que, relativamente aos Estados Unidos, a Grã-Bretanha nunca tenha recuperado as perdas que sofreu nos anos 70. (As percentagens aqui citadas são das Penn World Tables, compiladas pelo Center for International Comparisons, da Universidade da Pensilvânia.)

A Europa emergiu da Segunda Guerra Mundial com um nível de PIB *per capita* inferior a metade do dos Estados Unidos: 42%. Nos primeiros 30 anos após a guerra, a Europa reduziu esta distância para metade. Em finais dos anos 80, o seu PIB *per capita* estava a 80% do nível dos Estados Unidos. Desde então, a convergência parou. De facto, nos últimos 20 anos, a Europa perdeu terreno: actualmente, o PIB *per capita* é cerca de 70% do nível dos Estados Unidos, a mesma posição que a Europa alcançara em finais dos anos 70. Recordamos a Grã-Bretanha dos anos 70, mas não vemos uma nova Mrs. Thatcher a aparecer na cena europeia.

A perspectiva de um declínio económico torna-se ainda mais visível se olharmos para cada um dos países. Em 1970, a Itália alcançara um nível de PIB *per capita* correspondente a 68% do nível norte-americano, grande feito para um país que, em 1950, começara com 30%. Em 1990, a distância chegou aos 80%. Actualmente, voltou aos 64%, o nível de meados dos anos 60. No mesmo período, desde meados dos anos 60 até aos nossos dias, o PIB *per capita* sul-coreano subiu, relativamente aos Estados Unidos, de 12 para 50%. Se o PIB *per capita* coreano continuar a crescer, relativamente aos Estados Unidos, ao mesmo ritmo dos últimos 25 anos, por volta de 2030 a Coreia será mais rica do que os Estados Unidos. É pouco provável que isto aconteça: o índice de crescimento coreano resulta, pelo menos parcialmente, da recuperação económica. Inevitavelmente, o ritmo de crescimento diminuirá à medida que a Coreia for enriquecendo. Mas não há nada que possa travar automaticamente o declínio da Itália relativamente aos Estados Unidos. Se o declínio relativo continuar ao mesmo ritmo, em 25 anos, o PIB *per capita* italiano será um terço do dos Estados Unidos. Em relação aos Estados Unidos, a Itália voltará à situação do início dos anos 50. Isto não significa que a Itália se torne um país pobre. O nível de vida dos seus cidadãos (nessa altura, bastante idosos) continuará a ser elevado.

Isto levanta a questão sobre se o declínio económico relativo será ou não assim tão mau. Em termos absolutos, a Europa é rica e não se tornará pobre da noite para o dia: o declínio será relativo a outros países. Devem os Europeus preocupar-se? Na verdade, por que razão se preocuparia um Francês da classe média com o facto de um turista coreano da classe média em Paris poder em breve comprar coisas inacessíveis aos próprios Franceses? Acreditamos que este Francês hipotético pode e deve preocupar-se. Em primeiro lugar, o poder económico relativo é importante na área das relações internacionais. Em segundo, e talvez mais importante, muitos estudos económicos e psicológicos mostram que a felicidade dos indivíduos depende não só dos seus próprios rendimentos, mas também dos seus rendimentos relativamente aos outros; depende também do crescimento do rendimento individual. Em terceiro lugar, as sociedades que param de crescer desenvolvem uma «cultura de estagnação», que pode ter muitas consequências sociais negativas, tema explorado num livro recente do economista de Harvard Benjamin Friedman. É claro que o nosso Francês hipotético irá desfrutar as suas férias mais longas e poderá criticar o Coreano trabalhador, mas o lazer só aumenta a felicidade até certo ponto. Além disso, não nos devemos esquecer que a pobreza ainda não foi completamente erradicada da Europa e que um índice sustentado de crescimento é a melhor cura para a pobreza. Numa economia de crescimento lento, torna-se difícil sustentar as provisões generosas da segurança social.

De facto, o declínio relativo pode transformar-se em declínio absoluto. A experiência da Argentina é um fantasma que paira sobre a Europa. No início do século passado, a Argentina era um dos países mais ricos do mundo, duas vezes mais rico do que a Itália e quase tão rico quanto a França. Entretanto, o mundo mudou, mas os Argentinos continuaram a pensar que exportar milho e carne de vaca bastava para se manterem ricos. Durante muito tempo, até à crise de 2001, a maioria dos Argentinos não percebeu – ou recusou-se a reconhecer – a gravidade do seu problema. Quando a crise rebentou de repente, os Argentinos viram-se pobres.

Estarão os Europeus conscientes destas possibilidades desagradáveis? A nosso ver, não inteiramente. Mas terão razão em não se preocuparem? Não há dúvida de que a história sugere alguma cautela quando se fazem previsões a longo prazo sobre vencedores e vencidos. Em finais dos anos 70, o Japão era o país modelo e muitos pensaram que os Estados Unidos estavam condenados: afinal, aconteceu exactamente o contrário. Na mesma década, vários peritos falavam sobre o declínio americano, apontando para as imagens na televisão de longas filas nas bombas de gasolina, os reféns americanos no Irão e o declínio «irreversível» da produtividade americana. Actualmente, tudo isto parece muito distante – à excepção, infelizmente, dos reféns, embora não no Irão. Estaremos nós, daqui a 20 anos, a dizer o mesmo sobre as previsões erradas da queda europeia realizadas em 2006? Talvez, mas, sem reformas profundas, é provável que estas previsões sombrias se venham a realizar.

Que aconteceu à Europa? Nos anos 60, a Europa parecia um modelo para o mundo. Com crescimento rápido e sociedades coesas, os Europeus eram dos povos mais felizes do mundo. Por que razão acabou abruptamente o milagre?

Existem duas explicações possíveis. A primeira aponta para a política e a outra para a tecnologia. Comecemos pela política. Nos anos 50 e 60, os Europeus trabalharam duramente. Muitas cidades europeias tinham sido arrasadas durante a Segunda Guerra Mundial. As fábricas estavam destruídas e as baixas de guerra desbarataram o capital humano. Não era altura para pensar em lazer e consumo. Os Europeus tiveram de pôr mãos ao trabalho e começar a reconstruir. Em finais dos anos 60, a sua determinação dera bons resultados. Os Europeus podiam agora começar a pensar na sua qualidade de vida. O final dos anos 60 foi também um período de agitação política. Desde as universidades até às fábricas, os Europeus exigiam menos trabalho pelo mesmo salário, leis laborais contra os despedimentos, educação e saúde gratuitas para todos e reformas generosas para serem desfrutadas mais tarde. Os governos acabaram por dar aquilo que as pessoas pediam. As economias europeias estavam a crescer rapidamente e parecia haver recursos suficientes para fazer face a todas as exigências. Depois veio a crise petrolífera e, ao mesmo tempo, pelo menos em alguns países, como a Alemanha e a Itália, a luta pela mudança endureceu. Para evitarem que os estudantes e os trabalhadores ouvissem os apelos da extrema-esquerda – era a época do Bader Meinhof e das Brigadas Vermelhas –, os governos continuaram a responder às exigências, mesmo quando se tornara evidente que já não havia recursos. Nos anos 70, o Estado-providência era pago pela inflação e, nos anos 80, pelo aumento da dívida pública. Destes anos, a Europa herdou governos gastadores e os necessários impostos elevados para pagar esses governos. Em 1960, a despesa estatal total (a média relativa à União Europeia antes do alargamento a 15 países) era 29% do PIB (o nível actual dos Estados Unidos); em 1970 era 37%; em 1980 era 47%; e em 1990 representava 50% do PIB. O aumento paralelo dos impostos diminuiu o crescimento. Outros factores, em especial o choque petrolífero, contribuíram e também agravaram as deficiências fiscais.

Se a Europa tivesse continuado a crescer como nos anos 50 e 60, as exigências do sistema de segurança social dos anos 70 podiam ter sido satisfeitas com menos aumentos nos impostos. Mas, nos anos 70, o motor que até então providenciara o crescimento deixou de funcionar, e é aqui que entra a explicação baseada na tecnologia. Tal como os economistas Daron Acemoglu, Philippe Aghion e Fabrizio Zilibotti afirmam nos seus trabalhos académicos, o crescimento europeu dos anos 60 – como aconteceria mais tarde com o Japão e a Coreia – foi, em grande parte, do tipo de recuperação. Após a Segunda Guerra Mundial, os Europeus começaram a trabalhar longe da fronteira tecnológica: para uma recuperação rápida, bastava copiar as melhores tecnologias americanas. Como argumentaremos mais à frente, a imitação funciona bem com grandes empresas apoiadas e protegidas, um sistema financeiro baseado nos bancos, relacionamentos a longo prazo, mudança lenta de gestores, com estabilidade na propriedade das empresas e o envolvimento do governo. Nos anos 60, a política industrial funcionou bem na Europa, tal como, mais tarde, no Japão e na Coreia. Mas quando a Europa se aproximou da fronteira tecnológica e a inovação, e já não a imitação, se tornou o factor crucial para o crescimento, a Europa viu-se mal preparada. As mesmas instituições que tinham sido responsáveis pelo sucesso dos anos 60 transformaram-se num obstáculo ao crescimento após os anos 70. Em vez de acelerarem a destruição das velhas firmas e favorecerem a criação de outras empresas inovadoras, os Europeus continuaram a proteger as suas firmas e a sonhar com a política industrial.

É difícil ver como é que a Europa poderá dar a volta se não mudar profundamente, mas não descortinamos energia suficiente para reformas. A Alemanha tem 5 milhões de desempregados, o valor mais elevado desde a República de Weimar, mas, em vez de mudança, vemos aquiescência. A Itália e Portugal estão a ficar para trás, mesmo em relação à Alemanha: as exportações estão a cair e o crescimento da produtividade praticamente estagnou. Em ambos os países, o sistema político é incapaz de realizar reformas. Em vez de reformas, o que vemos são tentativas dos governos em se protegerem dos efeitos da integração económica e da globalização dos mercados. A França ruma em direcção ao proteccionismo, o da fortaleza francesa, a aldeia de Astérix. Os agricultores franceses são fortemente protegidos da concorrência dos agricultores dos países desenvolvidos. Em Itália, muitos acreditam que só as tarifas aduaneiras podem salvar o país da concorrência chinesa, especialmente no sector têxtil. Estas tendências proteccionistas são inquietantes.

Temos de ter cuidado com as simplificações excessivas. Para já, dizemos Europa, mas, na verdade, falamos da Europa Ocidental continental. Em muitas esferas, os Europeus têm relativamente ao Reino Unido reacções semelhantes às evocadas em relação aos Estados Unidos. O veto francês à proposta da nova constituição europeia foi, em parte, um voto contra os alegados planos de Tony Blair para reformar o modelo social europeu segundo linhas anglo-saxónicas. Na Europa Central e Oriental, alguns países estão a adoptar modelos muito diferentes dos da Europa Ocidental continental e mais próximos do tipo anglo-saxónico. Mesmo no seio da Europa Ocidental há muitas diferenças. Os países escandinavos, depois de sofrerem uma crise profunda no início dos anos 90, conseguiram combinar um Estado-providência abrangente com a flexibilidade do mercado e um crescimento assinalável. É demasiado cedo ainda para dizer se o desempenho actual destes países constituirá um êxito duradouro. Enaltecer os países nórdicos como exemplo da superioridade do modelo económico europeu sobre o dos Estados Unidos – argumento muito ouvido na

Europa – é, pelo menos, prematuro, mas não há dúvida de que algo importante está a acontecer aí. Infelizmente, os maiores países europeus – França, Alemanha, Itália e Espanha – não mostram vontade nem capacidade política para adoptar as políticas nórdicas. Além disso, a coesão social e o «capital social», tão generalizados nos países nórdicos e que ajudam os seus sistemas a funcionar bem, não existem no Sul da Europa.

Curiosamente, embora Americanos e Europeus tenham opiniões diferentes, ambos parecem contentes com as sociedades em que vivem. Uma sondagem recente questionou as pessoas acerca do que achavam da sua qualidade de vida: oito países europeus ficaram acima dos Estados Unidos e sete abaixo, sem um padrão claro: a Itália e a Espanha estavam em 8.º e 10.º, os Estados Unidos em 13.º, a França e a Alemanha em 25.º e 26.º Isto sugere que tanto Americanos como Europeus têm mais ou menos o que querem: é pouco provável que queiram mudar de lados do Atlântico. A propósito, mesmo na Argentina, a maioria das pessoas afirmava-se contente até ao dia da crise!

Portanto, não há problema? Bem, sim e não. É verdade que, de um modo geral, as políticas europeias reflectem a vontade do eleitorado, como é normal nas democracias. Os Europeus não são certamente uns adeptos do mercado livre agrilhoados por políticos intervencionistas. No entanto, a aversão dos Europeus ao liberalismo do mercado é muitas vezes estrategicamente promovida por grupos internos que beneficiam da protecção do mercado. De facto, este é um dos temas principais deste livro.

Nos últimos anos, têm surgido muitos sinais de insatisfação (ainda não bem canalizados politicamente) na

França, na Alemanha e na Itália. Nestes três casos, percebe-se a frustração e a incapacidade de se implementarem reformas urgentemente necessárias. Mais importante, a falta de interesse em reformas cruciais pode reflectir uma incapacidade de compreender o que aí vem. O declínio europeu é um processo lento, e isto faz com que a implementação das reformas seja politicamente mais difícil. Em muitos casos, as crises geram o ímpeto para a reforma, mas um declínio lento não gera o mesmo ímpeto. Na América Latina, por exemplo, alguns países, e especialmente o Chile, emergiram com novo vigor de uma crise quase catastrófica nos anos 70 e de um período de ditadura. No Chile, as reformas transformaram a sua economia emergente numa das mais bem sucedidas da América Latina. Desde os anos 50 que a Europa não tem grandes crises, não tem hiper-inflação nem hiper-recessão. Diz um ditado antigo que, se pusermos um sapo em água fria e começarmos a aquecer a água até que esta ferva, o sapo morre. Se atirarmos um sapo para a água quente, ele salta e sobrevive. A Europa é este sapo em água que vai aquecendo lentamente.

Vejamos os factos. Em parte por causa de impostos elevados, pensões generosas, altos subsídios de desemprego e da insistência dos sindicatos em menos horas de trabalho, e em parte devido a uma questão de atitude, os Europeus trabalham cada vez menos. Os «miúdos» italianos saem da faculdade aos 27 anos; depois, passam dois anos à procura de emprego, trabalham 30 anos, reformam-se aos 60 e vivem até aos 90. Os Franceses têm uma semana de 35 horas de trabalho e, em Maio e Agosto, poucos são os que trabalham em França. Na Alemanha, à sexta-feira, a hora de ponta é às duas da tarde. Um país não pode crescer muito depressa se cada pessoa trabalhar cada vez menos horas, a não ser que a produtividade aumente extraordinariamente. Para que isto aconteça, é necessário investigação e desenvolvimento e universidades competitivas, já para não falar de mercados de produtos realmente competitivos que promovam a rápida adopção de novas tecnologias. A Europa apresenta um défice em todas estas dimensões. Em vez de apostar nos seus jovens mais talentosos, faz muito pouco para evitar que migrem para os Estados Unidos, tentados pelas universidades americanas e pelas empresas de alta tecnologia. Cerca de um terço do departamento de Economia de Harvard é constituído por Europeus que saíram das turbulentas universidades dos seus países. A Europa Ocidental, em vez de tentar atrair os jovens mais talentosos da Índia, da China e da Europa de Leste, restringe a migração. Os imigrantes admitidos não são os talentos que, nos Estados Unidos, criaram as muitas empresas inovadoras. Os Europeus mais instruídos da Europa Central e Oriental passam por cima da Europa Ocidental e vão para os Estados Unidos. «Esperem dez anos para abrir as fonteiras aos meus concidadãos», afirmou recentemente o então ministro dos Negócios Estrangeiros romeno, «e todos os bons engenheiros romenos terão já emigrado para os Estados Unidos: o que receberão serão os nossos camponeses sem estudos.»

Os Europeus estão a envelhecer. As taxas de fertilidade são excepcionalmente baixas. A Europa não se desenvolve se houver pouca gente a trabalhar para sustentar um número cada vez maior de reformados. As fronteiras fechadas e as políticas irracionais de imigração prometem fazer com que as populações envelhecidas e com baixas taxas de natalidade sejam mais difíceis de sustentar. Estas duas tendências demográficas irão pesar gravemente nos orçamentos europeus.

O declínio económico e o declínio político andam a par. Por causa da sua grande despesa social e do baixo índice de crescimento, a Europa não pode suportar um forte poderio militar. Em breve, a Europa perderá o seu forte papel nas organizações internacionais. Hoje em dia, muitas pessoas em todo o mundo, especialmente na Ásia, já se perguntam por que razão a França e a Grã-Bretanha devem ter assento permanente no Conselho de Segurança das Nações Unidas. Países como a China e a Índia, com populações maiores do que a França, Grã-Bretanha e a Alemanha juntas, em breve exigirão e obterão mais poder na política mundial, e com razão. Actualmente, estes países estão determinados a trabalhar arduamente e a enriquecer. Dentro de pouco tempo, conseguirão e exigirão maior reconhecimento nas mesas políticas das organizações mundiais. Os países europeus terão de se afastar.

A organização e a distribuição do poder nas organizações internacionais, desde a ONU até ao FMI e aos encontros do G7 (agora G8) reflectem ainda um equilíbrio do pós-Segunda Guerra Mundial que se tornou obsoleto. Nessa época, a Alemanha e o Japão eram os agressores derrotados; os Soviéticos eram uma ameaça, a Alemanha estava dividida e começava-se a construir um muro. A maioria dos países do então chamado Terceiro Mundo conquistara recentemente a independência ou era ainda colónias, mas continuava muito pobre. Os tempos mudaram: em 1945, havia no mundo 74 países independentes, e actualmente existem 193. Fora da China, de Cuba e da Coreia do Norte, o comunismo só é popular nos cafés parisienses; a Alemanha reunificou-se; o Terceiro Mundo está a crescer mais depressa do que o Primeiro Mundo. A maior parte do *software* informático é agora desenvolvida em Bangalore; nos Estados Unidos, os cursos de pós-graduação, incluindo as escolas de gestão, admitem milhares de estudantes asiáticos inteligentes. Os tempos mudaram; a França e a Grã-Bretanha continuam a ter assento permanente no Conselho de Segurança das Nações Unidas e a Itália, e não a China, pertence ao G7. Mas não por muito tempo.

A baixa despesa militar da Europa afecta também directamente o crescimento, já que muita da tecnologia de ponta é desenvolvida nos contratos militares. Nos Estados Unidos, muitas empresas de alta tecnologia, quando são realmente boas, crescem graças aos contratos com o Pentágono. Na Europa, em vez de contratos militares, as empresas recebem subsídios estatais, que é uma forma muito menos eficiente de estimular a investigação e a inovação. A Europa pode evitar o seu rápido declínio militar e político se congregar os recursos (políticos e militares) com uma verdadeira política externa em toda a União Europeia. Mas a experiência recente sugere que os países europeus estão muito longe de conseguir algo semelhante e, de facto, estão a afastar-se de uma maior integração política.

Por conseguinte, serão os Estados Unidos da Europa uma maneira de evitar o declínio europeu? Sim e não. Enquanto zona económica, a União Europeia funcionou relativamente bem. Enquanto forma de união política, porém, a rápida rejeição da proposta de constituição demonstrou os limites severos deste processo. A ideia de uma união política europeia, que constitua um contrapeso aos Estados Unidos na cena internacional, parece cada vez menos realista.

Introdução | 29

Os obstáculos à Europa Unida decorrem também de uma das principais desvantagens da Europa: a sua diversidade – diversidade de línguas, de culturas, de experiências históricas e de estilos de vida. A diversidade pode impedir que a Europa explore o potencial da unidade, mas uma sociedade diversificada pode estar em melhor posição para se adaptar à mudança. Num mundo em rápida mudança, este pode ser o maior trunfo europeu. A Europa deve aproveitar a diversidade, tanto a respeito dos seus cidadãos como dos não Europeus. Em vez disso, a insistência de Bruxelas na coordenação e na uniformidade contrasta claramente com a visão do mundo do «que desabrochem mil flores». No campo da diversidade, os Europeus podiam aprender com os Estados Unidos. Os Americanos têm experiência em lidar com a diversidade racial e étnica, que é tanto positiva como negativa. É positiva porque foi o sucesso do *melting pot* que fez a grandeza da América. Negativa porque muitos dos problemas sociais dos Estados Unidos estão associados às relações inter-raciais. A Europa pode aprender com esta experiência, ou pode ficar sentada a discutir os falhanços americanos. O espectáculo de jovens franceses de ascendência africana a provocarem tumultos em Paris, em Novembro de 2005, chocou os mesmos intelectuais parisienses que tinham liderado as revoltas do Maio de 68. Por muito perturbadoras que estes tumultos possam parecer, eles são, infelizmente, a vaga do futuro.

A Europa está numa encruzilhada. Pode continuar na mesma e aceitar um declínio lento, mas permanente. Ou pode começar a fazer reformas. Claro que, quando as atitudes e as instituições têm raízes profundas na história e nas tradições políticas e intelectuais, a mudança é difícil. Mas ela é necessária se pretendemos evitar o declínio.

Actualmente, ainda há escolha; mas outra década de declínio pode fechar o leque de opções.

Normalmente, os Europeus que se preocupam com os problemas da Europa respondem propondo uma longa lista de políticas muito pormenorizadas. Costumam exigir mais investimento público em infra-estruturas, educação, políticas industriais e apoio às áreas desfavorecidas. A nossa opinião é diferente. A Europa não precisa de mais dinheiro público numa miríade de projectos. A Europa precisa de reformas que criem incentivos e que façam as pessoas querer trabalhar melhor e mais tempo, correr riscos e inovar. A Europa precisa de mais competição, e não de mais infra-estruturas públicas. As universidades europeias precisam de mais «incentivos ao mercado», e não de mais dinheiro público. As empresas europeias precisam de impostos mais baixos, mercados com menor regulação laboral e mercados de produtos mais eficientes, e não de mais subsídios e protecções. Isto não significa que a Europa precise apenas de adoptar todo o modelo americano. De facto, há aspectos do sistema de segurança social europeu que são eficientes e devem ser preservados. Mas, muitas vezes, os benefícios a empresas já excessivamente protegidas têm precedência sobre as necessidades do público geral e, especialmente, com custos para a geração mais nova.

Alguns observadores falam do século XXI como o século europeu, tal como o século XX foi o século americano. A nossa perspectiva é mais céptica: é muito provável que o século XXI seja o século do declínio europeu. Esperamos estar enganados.

1

A Europa e os Estados Unidos: dois modelos sociais diferentes*

Os Americanos e os Europeus têm ideias diferentes sobre pobreza, desigualdade, redistribuição dos rendimentos dos ricos para os pobres, protecção social e segurança social. Os Americanos, de uma forma geral, acham que os pobres devem ajudar-se a si próprios. Os Europeus, pelo contrário, pensam que o governo tem a responsabilidade, sobretudo, de retirar os pobres da pobreza. Num recente estudo académico, Rafael Di Tella, Robert McCulloch e um dos autores deste livro (Alesina) afirmam que os Europeus se consideram menos felizes quando a desigualdade aumenta, mesmo quando muitos outros indicadores individuais e sociais que determinam a felicidade de uma pessoa se mantêm constantes. Os Americanos, por outro lado, não se consideram menos felizes quando a desigualdade aumenta, e os Americanos pobres não se incomodam tanto com a desigualdade quanto os Europeus ricos.

---

* Este capítulo baseia-se na obra de A. Alesina e E. Glaeser, *Fighting Poverty in the US and Europe: A World of Difference*, Oxford University Press, 2004, Oxford.

Esta é uma diferença fundamental entre os dois lados do Atlântico que tem grandes implicações políticas para o papel do governo, finanças, regulação, despesa pública, educação, migração e coesão social. No fundo, esta maneira diferente de pensar tem importância em todos os temas políticos que analisamos neste livro.

De certo modo, trata-se de uma diferença de preferências nos dois lados do Atlântico; os Europeus preferem, livremente e de bom grado, ter um maior Estado-providência, com todos os custos associados em termos de impostos e regulação, porque não gostam da desigualdade. Portanto, não há problema? Não é bem assim. A intervenção e regulação por parte do governo, quando feita em grande escala, costuma ter efeitos indesejados, como a criação de bolsas de categorias de privilegiados e superprotegidos (por exemplo, os funcionários públicos), uma cultura de «dependência» nas políticas públicas e a redução da predisposição para correr riscos. Existem também muitas «devoluções de impostos»: por um lado, o governo cobra impostos, introduzindo distorções, e, por outro, devolve bens e serviços, e transfere para as mesmas pessoas aquilo que cobrou. Em certos casos, alguns esquemas chamados redistributivos, em vez de reduzirem a desigualdade, acabam por aumentá-la, especialmente quando elementos internos «capturam» esses programas.

Tudo isto gera resistência à mudança. Uma típica estratégia política das categorias dos superprotegidos é afirmar que qualquer mudança no seu estatuto aumentará a desigualdade e a pobreza. Por conseguinte, uma das questões principais para a Europa, e um dos maiores temas deste livro, é como reduzir a desigualdade excessiva sem cair nestas armadilhas. Como esta maneira diferente de pensar a desigualdade é tão importante, temos de perceber a sua origem. Em particular, importa perceber como se podem conceber reformas que possam ser politicamente exequíveis e economicamente viáveis.

Antes de entrarmos neste terreno controverso, deixamos aqui uma advertência e alguns números. Em primeiro lugar, a advertência: não existe um Estado-providência «europeu». Na Europa, há uma grande variação de sistemas de segurança. Os países que constituem a Europa Ocidental (em suma, a Europa) organizam os seus sistemas de segurança social de modo diferente. Mais à frente discutiremos estas diferenças, mas todas têm em comum uma característica fundamental: um envolvimento do Estado na redistribuição e protecção social muito maior do que aquele que existe nos Estados Unidos.

Eis alguns números: a Europa gasta o dobro dos Estados Unidos em programas sociais (aproximadamente 20% contra 10%) e, na Europa, a despesa total do Estado é quase 50% do PIB, enquanto que, nos Estados Unidos, o governo consome cerca de 30% do PIB (quadro 1.1). A Europa também gasta muito mais do que os países em desenvolvimento, mas os Estados Unidos constituem um melhor termo de comparação, porque, normalmente, a dimensão do governo aumenta com o rendimento *per capita*. Em mais lado algum existem governos tão gastadores como na Europa Ocidental continental.

Quadro 1.1
Despesas gerais do governo em percentagem do PIB, 2000

País	Total[a]	Bens e Serviços	Remunerações e Salários	Subsídios	Benefícios sociais e outras transferências[b]	Investimento bruto
Estados Unidos	29,9	5,3	9,2	0,4	10,6	3,3
Europa continental[c]	44,9	8,3	12,4	1,5	17,6	2,5
França	48,7	9,7	13,5	1,3	19,6	3,2
Alemanha	43,3	10,9	8,1	1,7	20,5	1,8
Suécia	52,2	9,8	16,4	1,5	20,2	2,2
Reino Unido	37,3	11,4	7,5	0,4	15,6	1,1

Fonte: A. Alesina e E. Glaeser (2004: *Fighting Poverty in the US and Europe: a World of Difference*, Oxford University Press, quadro 2.1). Fonte original: cálculos dos autores baseados em dados da *OECD Economic Outlook Database* (n.º 71, vol. 2002, ed. 01, Junho de 2002).

a. Os totais incluem pagamentos de juros e algumas categorias de gastos de capital.
b. Inclui a segurança social.
c. Média simples para a Áustria, Bélgica, Dinamarca, Finlândia, França, Alemanha, Grécia, Itália, Holanda, Noruega, Portugal, Espanha e Suécia.

A Europa gasta mais do que os Estados Unidos em cada programa social, mas especialmente no desemprego e nas famílias pobres, que são alguns dos programas mais direccionados para a própria pobreza e não relacionados com a velhice, doença, etc. As reformas do sector público são mais generosas na Europa do que nos Estados Unidos (quadro 1.2). Enquanto que, em princípio, as reformas do sector público tiram aos jovens para dar aos idosos e não devem ser redistributivas, na prática são-no. Redistribuem dos jovens ricos para os idosos pobres. De facto, os reformados pobres recebem mais do que os reformados ricos, relativamente aos seus rendimentos anteriores à reforma e às suas contribuições.

Há uma grande variação no modo como os sistemas redistributivos de pensões estão organizados na Europa. As pensões são muito menos redistributivas na Alemanha do que na Suécia, por exemplo, mas, em média, as pensões são mais redistributivas na Europa do que nos Estados Unidos. No capítulo dos impostos há também diferenças visíveis entre a Europa e os Estados Unidos. Nos Estados Unidos, o imposto sobre rendimentos é muito menos progressivo do que a média europeia, ainda que exista grande variação nos diferentes países europeus.

No entanto, a política fiscal não é a única forma como os governos europeus *tentam redistribuir* o rendimento. Existem também políticas de regulação do mercado de emprego, regulamentação do ordenado mínimo e do ensino público, só para nomear algumas. Escolhemos a expressão «tentam redistribuir» por uma razão. Nem todos estes programas são eficientes na orientação do fluxo dos recursos para os realmente pobres; a maioria deles é vantajosa para a classe média e para uma miríade de categorias protegidas (interesses especiais).

Quadro 1.2
Despesa do governo em programas sociais em percentagem do PIB, 1998

País	Total	Velhice, incapacidade e sobreviventes	Família[a]	Programas de desemprego e mercado de trabalho	Saúde[b]	Outras[c]
Estados Unidos	14,6	7,0	0,5	0,4	5,9	0,9
Europa Continental[d]	25,5	12,7	2,3	2,7	6,1	1,7
França	28,8	13,7	2,7	3,1	7,3	2,1
Alemanha	27,3	12,8	2,7	2,6	7,8	1,5
Suécia	31,0	14,0	3,3	3,9	6,6	3,2
Reino Unido	24,7	14,2	2,2	0,6	5,6	2,0

Fonte: Alesina e Glaeser (2004). Fonte original: cálculos dos autores baseados em dados da *OECD Social Expediture Database* 1980-1998 (3.ª ed., 2001).

a. Inclui abonos e serviços em géneros
b. Inclui internamentos, serviços médicos ambulatórios e produtos farmacêuticos.
c. Inclui acidentes de trabalho e subsídios de doença, subsídios de renda e despesas de outro tipo (tanto em dinheiro como em géneros), bem como subsídios de rendimento mínimo.
d. Média simples para a Áustria, Bélgica, Dinamarca, Finlândia, França, Alemanha, Grécia, Itália, Holanda, Noruega, Portugal, Espanha e Suécia.

Por exemplo, as leis laborais protegem os funcionários públicos no mercado de trabalho e membros dos sindicatos, ao mesmo tempo que criam obstáculos para os desempregados e jovens que procuram (re)entrar no mercado de trabalho. Os sistemas de pensões podem ser parcialmente privatizados sem que haja aumento da desigualdade. A despesa pública no ensino superior é, quando muito, neutra numa perspectiva distributiva, já que, na sua maioria, são os ricos que frequentam as universidades e estes, de facto, pagam muito mais impostos. Mais uma vez, há grande variação na Europa. Geralmente, os economistas caracterizam os Estados-providência nórdicos como um sucesso; os mediterrânicos (Itália, França e Espanha) como mais problemáticos.

Então, por que estão os Europeus tão preocupados com a desigualdade quando comparados com os Americanos? Uma explicação possível é que, na Europa, há mais necessidade de redistribuir porque existe maior desigualdade antes dos impostos. Mas não é este o caso: a desigualdade antes dos impostos é muito maior nos Estados Unidos do que na Europa, por muitas razões, mas principalmente por causa de um maior retorno do investimento na educação nos Estados Unidos e a consequente estrutura salarial menos gradual. Portanto, a maior redistribuição nos Estados Unidos devia compensar a maior desigualdade antes dos impostos. Mas é exactamente o contrário.

Então, por que são tão diferentes os sistemas de protecção social nos dois lados do Atlântico? Alguns números são expressivos. Segundo o *World Value Survey*, um respeitado estudo sobre comportamentos realizado em cerca de 40 países, 60% dos Americanos acreditam que os pobres são preguiçosos, opinião partilhada apenas por

26% dos Europeus. As proporções quase exactamente contrárias (60% dos Europeus e 29% dos Americanos) acham que os pobres estão encurralados na pobreza. Os Americanos pobres não se importam com a desigualdade porque vêem-na como um degrau da escada social que podem subir. Os Europeus pobres, porém, vêem a desigualdade como um obstáculo intransponível. Certa vez, quando um dos autores deste livro mencionava estas estatísticas a um amigo num elevador, em Washington, um porteiro afro-americano, que se encontrava no mesmo elevador, concordou imediatamente que os pobres devem ajudar-se a si mesmos e que não é responsabilidade do governo intervir. Tente-se encontrar, em Paris, um porteiro com esta opinião!

Por que são as opiniões tão diferentes nos dois lados do Atlântico? Uma explicação possível é o facto de a América ser uma sociedade mais móvel, em que os pobres acreditam que podem sair da pobreza, se trabalharem suficientemente para isso. Se os pobres continuam pobres, deve ser porque são preguiçosos. O Europeu pobre, por outro lado, não tem as supostas oportunidades do Americano pobre, já que as sociedades europeias são menos móveis.

A questão, então, é saber se há mais mobilidade social nos Estados Unidos do que na Europa, e esta é uma questão extremamente difícil de responder. É verdade que a América não teve a nobreza de estilo europeu nem um sistema feudal que gerasse uma separação das classes sociais. Karl Marx viu esta diferença entre os Estados Unidos e a Europa como a origem do menos conhecido sistema de classes americano relativamente à Europa, que terá feito com que, nos Estados Unidos, os partidos e os movimentos baseados em classes tivessem mais dificuldade de prosperar. Tinha, obviamente, razão. Na América, as histórias de indivíduos ricos com origens humildes (o *self-made man*) são inúmeras e continuam hoje a acontecer. O *self-made man* é o ícone americano. Prova disso são os desempenhos dos Europeus, nos séculos XIX e XX, que saíram do Velho Continente em busca de riqueza no outro lado do Atlântico e se engrandeceram numa aristocracia de estilo americano.

Então, será que o Americano pobre actual tem mais hipóteses de sair da pobreza do que o Europeu pobre? Uma forma de determinar a mobilidade actual é vê-la como a fracção dos vários grupos de rendimentos que sobem e descem a escada social. Os estudos académicos mostram que, segundo esta avaliação, não há grande diferença entre os dois lados do Atlântico. No entanto, um apoiante entusiasta do modelo social americano pode ainda argumentar que existem possibilidades de sair da pobreza, mas que o Americano pobre não as aproveita. Os Europeus podem afirmar, pelo contrário, que, por mais esforço que os pobres façam, pura e simplesmente estão presos e não podem sair da pobreza sem a ajuda de programas sociais estatais.

Uma coisa é certa: ainda que os dados estatísticos disponíveis acerca da avaliação da mobilidade social mostrem que esta não é muito diferente entre os Estados Unidos e a Europa, os Americanos vêem a sociedade como muito «móvel», enquanto que os Europeus a vêem como «imóvel». Portanto, ou os Americanos sobrestimam a mobilidade, ou os Europeus subestimam-na. Por acreditarem no imobilismo da sociedade, os Europeus pensam também que os pobres necessitam de muito mais auxílio e que o governo tem de intervir mais fortemente para providenciar oportunidades, rendimento, protecção social, mesmo à custa de encargos fiscais pesados, regulação do mercado e várias interferências nas forças de mercado.

Embora se discutam algumas reformas do Estado-providência na Europa, todas as reformas propostas manteriam as políticas redistributivas da Europa muito mais amplas do que as dos Estados Unidos. Os Americanos têm orgulho nos seus próprios modelos de protecção social. A atitude dos Americanos – segundo a qual os indivíduos podem sair da pobreza aproveitando as oportunidades do mercado – tem também a ver com o peso dos impostos. O Americano médio preocupa-se muito mais com o facto de pagar impostos mais elevados, por isso, vê com suspeição a intervenção do Estado. Mas enquanto que, na política americana, aumentar os impostos é um «pecado mortal», na política europeia, o «pecado mortal» é cortar na despesa. Na Europa, sempre que alguém fala de cortes na despesa, a isso tem de seguir-se uma longa lista de lugares-comuns que se referem aos benefícios de um governo «produtivo», ao investimento na educação, na investigação, na protecção social, etc. Depois de todas estas excepções, não se percebe bem onde é que se pode ainda cortar.

Estas diferenças a respeito dos benefícios percebidos da despesa pública não são um fenómeno recente. Estão bem enraizadas na história dos dois continentes. A figura 1.1 mostra que as diferenças na evolução da despesa social nos Estados Unidos e na Europa remontam ao início das intervenções estatais nestas economias de mercado.

Até finais do século XIX, a despesa estatal, exceptuando os gastos militares, era muito reduzida. Quando as despesas não militares do governo começaram a aumentar, cresceram logo mais depressa na Europa do que nos Estados Unidos. No século XX, houve grandes aumentos nos Estados Unidos, particularmente durante o *New Deal* e, mais tarde, no programa da *Great Society**, mas a Europa, em média, esteve sempre à frente. Por conseguinte, as razões da diferença entre a Europa e os Estados Unidos não se encontram nos acontecimentos políticos recentes; estão profundamente enraizadas na história das duas zonas geográficas.

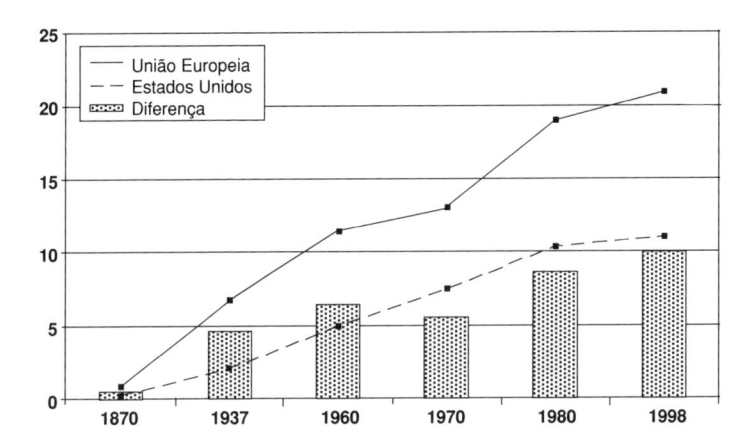

Figura 1.1
Subsídios e pagamentos do governo em percentagem do PIB, de 1870 a 1998.
Fonte: Alesina e Glaeser (2004).

---

* Nome dado a uma série de programas governamentais planeados durante a administração de Lyndon Johnson e que tinham por objectivos principais a erradicação da pobreza e da injustiça racial: no seu conjunto, o programa privilegiava os investimentos em educação, habitação, assistência médica e vias de comunicação. Embora a sua matriz fosse o *New Deal*, da administração Roosevelt, os programas de investimento previsto eram diferentes, sendo mesmo alguns iniciativas que já transitavam de um outro programa semelhante gizado pela administração Kennedy, a Nova Fronteira (*New Frontier*) (*N. R.*).

Qual a origem destas diferenças de perspectiva entre os Europeus e os Americanos no século XX? Em primeiro lugar, a cultura europeia foi e continua a ser profundamente afectada pela tradição intelectual marxista (definida de modo lato). O conceito marxista de «classe» implica que é quase impossível que um pobre se torne rico, ou, segundo a tradição, que o proletário se torne capitalista. O marxismo tem de pressupor o imobilismo social para justificar o conceito de classe; de outro modo, a sua estrutura básica cairia por terra.

A influência marxista não se limitou aos intelectuais e estudantes. Em muitos países europeus, as instituições políticas foram criadas em períodos revolucionários nos quais os partidos e as ideias socialistas gozavam de largo apoio. Por exemplo, os partidos socialistas e comunistas, especialmente no início dos anos 20, exigiram e obtiveram sistemas eleitorais baseados na representação proporcional. Estes sistemas permitiram a entrada dos partidos marxistas nos parlamentos nacionais, que começaram então a influenciar as políticas sociais. Mesmo quando estavam na oposição, estes partidos, geralmente apoiados por movimentos civis e grevistas, eram muito influentes. De facto, a representação proporcional foi um factor importante na implementação de políticas redistributivas porque dava uma voz política às minorias. Vários estudos estatísticos mostraram que, actualmente, em todas as democracias industriais, o valor da despesa pública redistributiva aumenta com o grau de proporcionalidade do sistema eleitoral.

A Constituição americana, ainda que emendada e alterada, é ainda o documento delineado há quase 250 anos por um grupo de homens brancos e ricos. As constituições europeias que estão actualmente em vigor foram redigidas no século XIX, em muitos casos em períodos agitados e por assembleias nacionais com representação de partidos marxistas. Não há dúvida de que são diferentes da Constituição americana, principalmente no que respeita à sua ênfase nos direitos sociais e no grau de protecção dos direitos de propriedade. Hoje em dia, na Europa, poucos partidos se dizem marxistas ou comunistas. A influência marxista de que falamos, no sentido muito lato dos termos «influência» e «marxismo», é importante para a composição cultural dos Europeus. Além disso, em muitos países (Itália, França, Alemanha, Espanha), os intelectuais de esquerda dominam a cena política. Nos países que passaram por uma história de nazismo e fascismo, ser de direita foi, durante muito tempo, considerado um pecado, por causa da associação da direita com as terríveis ditaduras.

Na América, a influência cultural marxista foi muito limitada. À excepção de alguns ambientes universitários, quase não afectou a vida americana. A cultura do *self--made man* foi sempre o instrumento ideológico, e os conservadores sociais americanos usaram-no para justificar a reduzida intervenção estatal. A possibilidade da mobilidade social é tão fundamental para a ideologia americana como o conceito de rigidez de classe é para a ideologia marxista. Sem a perspectiva da mobilidade, os Americanos considerariam injusto o seu capitalismo de mercado.

A questão acerca da razão por que o marxismo e o comunismo não vingaram na América foi algo que Marx e (especialmente) Engels chegaram a discutir e que, desde então, tem fascinado muitos outros estudiosos. Existem várias razões não mutuamente exclusivas. Uma delas é a auto-selecção dos imigrantes europeus. Os Europeus que resolveram ir para o Novo Continente eram os que mais acreditavam no esforço individual como forma de fugir da pobreza, em vez de ficarem nos seus países e lutar pela mudança social. Os oprimidos que ficaram para trás eram mais intrinsecamente abertos à ideologia marxista, estiveram sujeitos a um período de difusão e sucesso desta ideologia e, sem dúvida, foram por ela profundamente influenciados. Em segundo lugar, o vasto Oeste inexplorado dos Estados Unidos oferecia oportunidades para fugir da pressão social das cidades do Leste. Enquanto que, em França, um trabalhador não podia sair para mais lado nenhum da Europa, um trabalhador da Costa Leste dos Estados Unidos podia migrar para o Oeste, e foram muitos os que o fizeram. Deste modo, adquiriam terra no Oeste, sem qualquer auxílio do Estado. Portanto, literalmente, este trabalhador tornava-se num capitalista do Oeste Selvagem. Em terceiro lugar, a geografia criou dificuldades à expansão do movimento comunista. As distâncias relativamente curtas na Europa e as linhas de comunicação bem desenvolvidas facilitavam, melhor do que nos Estados Unidos, a organização de um movimento da classe operária. A distância relativamente grande entre, por exemplo, Boston e Pittsburgh e o sistema de comunicação relativamente subdesenvolvido criaram problemas à organização e facilitaram a repressão do movimento. Em quarto lugar, após a Guerra de 1812, os Estados Unidos nunca mais travaram uma guerra contra uma potência externa no seu próprio território. Na Europa, a miséria, o sofrimento e a instabilidade política que se seguiram à Primeira Guerra Mundial constituíram um terreno fértil para o crescimento dos movimentos comunistas. Esta guerra era vista como um conflito entre os burgueses europeus; por isso, muitos soldados tinham simpatias pelo comunismo, o que tornou ainda mais difícil a repressão política.

Por último, a diversidade étnica da classe operária americana interferiu com a solidariedade de classe. No início do século XX, um operário italiano em Nova Iorque era, em primeiro lugar, um Italiano e, depois, um operário. Os trabalhadores irlandeses eram vistos, com muita suspeição, como capitalistas. As várias vagas de novos imigrantes eram vistas como o inimigo e não como camaradas de classe. Engels tinha perfeita consciência disso e era precisamente este ponto que o fazia duvidar da possibilidade de sucesso de um Partido Comunista Americano. A sua perspicácia foi notável.

Para além da questão da solidariedade de classe, a fragmentação étnica e social da sociedade norte-americana (quando comparada com as sociedades europeias tradicionalmente mais homogéneas) constitui uma das razões fundamentais para a diferença da política redistributiva entre os Estados Unidos e a Europa. Numa sociedade diversificada, em que a desigualdade de rendimentos está fortemente associada à raça, é mais fácil para os ricos (ou seja, os brancos, especialmente no passado) verem os pobres, em segmentos que pertencem a minorias raciais (especialmente os negros), como diferentes. Numa sociedade mais homogénea, a solidariedade social é mais fácil.

De facto, todas as sondagens mostram que (mesmo quando há controlo de rendimentos) os Americanos brancos são muito menos favoráveis a políticas redistributivas do que os Americanos não brancos, precisamente porque acham que essas políticas favorecem as minorias raciais. Até os brancos pobres se opõem às políticas redistributivas, devido à desconfiança racial.

Mas por que razão estará um indivíduo branco predisposto a opor-se aos gastos no apoio social se pensar que isso beneficia as minorias raciais? Muitos dados experimentais e estatísticos mostram que os indivíduos confiam mais nas pessoas da mesma raça e associam-se mais entre si; é possível que se trate de um instinto natural, ainda que desagradável. De facto, o efeito da diversidade étnica nas políticas redistributivas é um fenómeno apenas norte-americano. A figura 1.2 mostra uma relação inversa entre despesa social e o nível de fraccionamento étnico numa série de países.

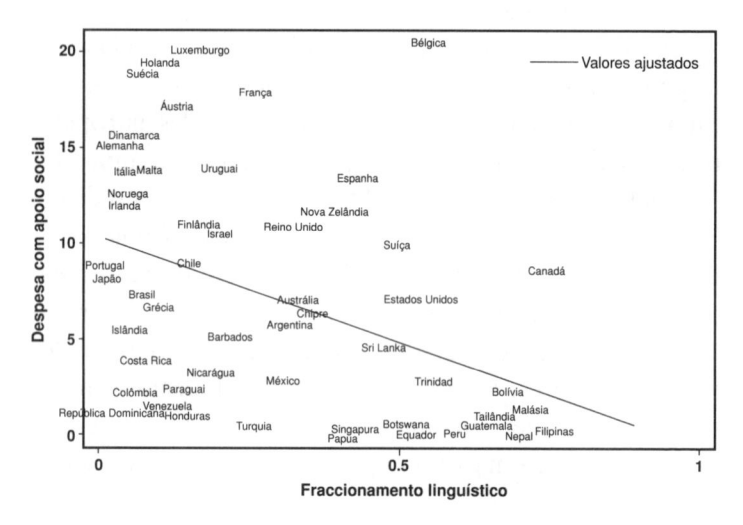

Figura 1.2
Fraccionamento linguístico e despesa em apoio social. O fraccionamento linguístico é uma medida da «homogeneidade de um país». Em termos técnicos, o índice de fraccionamento é a probabilidade de dois indivíduos aleatoriamente seleccionados de um país falarem a mesma língua. Quanto mais homogéneo é um país, mais baixo é o índice.
Fonte: Alesina e Glaeser (2004).

Pelo menos até agora, os países europeus têm sido mais racialmente homogéneos do que os Estados Unidos, e este facto pode explicar a diferença existente nas políticas de apoio social. Se os países europeus poderão continuar homogéneos restringindo a imigração, isso é caso para ver, como discutiremos no próximo capítulo.

Os factores raciais influenciam também a natureza das instituições políticas americanas, reforçando assim uma predisposição contra as políticas de redistribuição. A representação proporcional, adoptada por muitos países europeus nas primeiras décadas do século XX, nunca foi admitida pelos Estados Unidos, porque era vista como um sistema que permitiria a eleição de representantes negros (e socialistas). Os sistemas *first past the post* [por maioria simples], em especial com a *gerrymandering* (reorganização dos limites dos distritos para o Congresso para influenciar o resultado das eleições), assegurariam assim uma sub-representação das minorias.

Nos Estado Unidos, muitos dos programas redistributivos são geridos pelos 50 estados. Os estados mais racialmente heterogéneos tem programas redistributivos menores relativamente aos seus níveis de rendimento. O apoio social é maior nos estados maioritariamente brancos do Norte e Noroeste (Oregon e Minesota, para citar dois exemplos) e em alguns estados da Nova Inglaterra (por exemplo, Vermont). É deficitário no Sudeste e no Sudoeste racialmente diversificado. A figura 1.3 mostra a relação inversa entre um programa social gerido pelo Estado, que fornece apoio às famílias pobres com filhos (AFCD: Aid to Families with Dependent Children), e a quota da população negra do estado. Por conseguinte, o carácter descentralizado dos Estados Unidos cria outro obstáculo para as políticas redistributivas.

Por último, os sindicatos funcionam de maneira diferente. Nos Estados Unidos, os sindicatos agiram sempre como organizações que negociam os salários e outras concessões directamente com os empregadores. Por não terem partidos simpatizantes no governo, e assim foi durante grande parte da história dos Estados Unidos, os sindicatos americanos vêem com suspeição a intervenção estatal. Querem manter o governo fora dos seus assuntos. Em contraste, os sindicatos europeus, em alianças com os partidos sociais-democratas, que costumam estar no governo, desenvolveram um sistema de negociação que envolve negociações tripartidas com associações empresariais e o governo como mediador (e como empregador, no caso dos funcionários públicos). O resultado foi que as políticas de acção social se tornaram num assunto de discussão em negociações tripartidas.

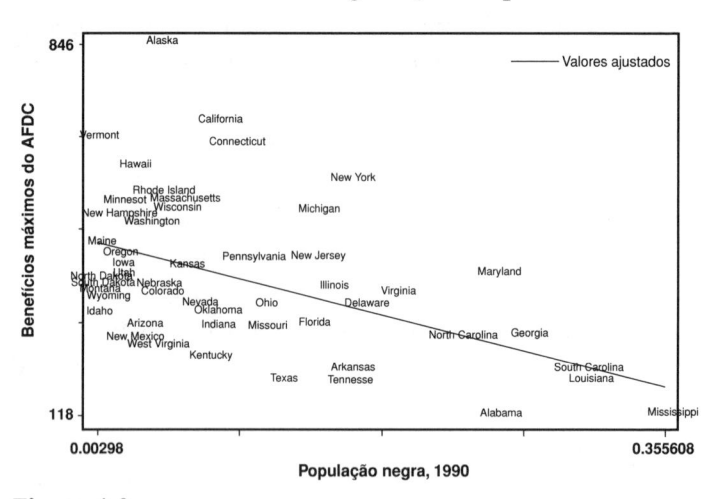

Figura 1.3
Benefícios máximos do AFDC e percentagens de negros nos estados americanos. (O AFDC é um programa administrado pelos estados norte-americanos que auxilia famílias de baixos rendimentos com filhos dependentes.)
Fonte: Alesina e Glaeser (2004).

Será que existem pressões sobre o sistema de apoio social europeu para que este se torne mais parecido com o sistema americano? Em certa medida, sim. Uma delas é a pressão demográfica. Os sistemas de pensões europeus correm grande perigo de insolvência por causa das tendências demográficas de taxas de natalidade baixas e esperança de vida mais longa. Um segundo elemento, menos óbvio, pode influenciar fortemente na próxima década o futuro do Estado-providência europeu, que tem a ver com a imigração e a diversidade racial na Europa. A Europa continental já se está a tornar, e ficará ainda mais, etnicamente variada à medida que vão chegando mais pessoas da Europa de Leste e dos países em desenvolvimento. Com base na nossa discussão anterior, este facto pode colocar alguma pressão no Estado para reorganizar o apoio social. Não demorará muito para que os partidos conservadores mais respeitáveis da Europa comecem a usar a retórica dos estrangeiros que vêm viver dos impostos dos seus cidadãos. Em suma, quando os Europeus de classe média começarem a perceber que parte da sua população pobre é constituída por imigrantes, a sua crença enraizada nas virtudes do Estado-providência vai começar a desvanecer-se. Actualmente, até mesmo os intelectuais de esquerda europeus associam o crime e a degradação urbana à imigração. Daqui até se começar a lamentar as despesas no apoio social a imigrantes é apenas um passo.

Portanto, o que aprendemos neste capítulo? Os Europeus foram muito mais influenciados do que os Americanos pela tradição marxista. Vêem a desigualdade provocada pelo mercado como um grande mal. São geralmente cépticos em relação aos mercados e apoiam uma intervenção maciça do Estado para corrigir a desigualdade. O facto de as sociedades europeias serem (ou pelo menos terem sido) relativamente homogéneas favoreceu a adopção de políticas muito generosas de protecção social, habitualmente promovidas pelos sindicatos e por alianças de partidos sociais-democratas, por vezes directamente contra os interesses empresariais. A redistribuição, *per se*, quando os seus custos e negociações são bem compreendidos e aceites por uma sociedade, pode ser um objectivo social desejável. Mas os Estados-providência europeus criaram três tipos de problemas, que analisaremos em pormenor mais à frente. O primeiro é que a generosidade excessiva dos sistemas de apoio social adoptados em períodos de grande crescimento criou problemas fiscais para os orçamentos de muitos países europeus, especialmente onde o crescimento desacelerou e as tendências demográficas se tornaram negativas. O segundo é que a intervenção e regulação maciça do governo contribuiu para a criação de bolsas de privilegiados dentro do Estado e muitos grupos superprotegidos que, por sua vez, se opõem à mudança. Por último, há um terceiro efeito menos óbvio, mas potencialmente ainda mais insidioso, sugerido num recente estudo académico de George Marios Angelotos, do MIT, e por um dos autores deste livro (Alesina). Impostos altos e regulamentações criam um efeito desincentivador que torna a sociedade menos móvel, pois a iniciativa individual é abafada. Segue-se que aqueles que enriquecem ou têm sorte ou conseguem navegar na complexidade dos sistemas de regulamentação. Por outras palavras, onde os impostos são altos e o sistema de regulamentação é complexo, existem geralmente zonas cinzentas de negócios e leis fiscais complexas, já para não falar da evasão fiscal. A percepção de que aqueles que tiveram sucesso apenas «jogaram o jogo» gera então um círculo vicioso de exigência de redistribuição, taxação e regulamentação. Quanto mais o Estado cobra em impostos e mais regula, menos móvel é a sociedade e menos o esforço e o investimento individual é compensado, e, portanto, maior é a exigência de redistribuição e de impostos. É este círculo vicioso que os países europeus têm de tentar quebrar.

Por que não se opõem os contribuintes europeus? A complacência do contribuinte tem também indirectamente a ver com a atitude marxista que já referimos. Os Europeus tendem a ver-se uns aos outros como membros de um grupo: professores, funcionários públicos, taxistas, sindicalistas, etc. Identificam-se muito mais do que os Americanos com um grupo económico e social, mais ou menos como a consciência comunista de «classe». Em muito menor medida que os Americanos, vêem-se como contribuintes individuais. Os políticos reagem mais à pressão de «grupos» do que à pressão vinda dos contribuintes. O resultado é o aumento do custo dos programas e a impossibilidade de fazer frente aos «grupos», mesmo aos menos merecedores.

Portanto, qual é a solução para a Europa? Adoptar simplesmente o sistema de apoio social americano? A resposta é não. Como dissemos, existe uma diferença genuína nas preferências acerca das políticas sociais nos dois lados do Atlântico. Para a Europa, o problema é como conceber sistemas de apoio social que sejam fiscalmente solventes e que não criem todas as distorções políticas e económicas de que já falámos. A tarefa não será fácil.

2
Lidar com Uma Sociedade Multiétnica

O pequeno estreito de Gibraltar podia facilmente ser coberto por uma ponte. Separa os Europeus de 210 milhões de norte-africanos, cujo rendimento médio *per capita* é de 1800 dólares anuais, e de 700 milhões de Africanos subsarianos cujo rendimento médio *per capita* é de 500 dólares anuais; em contraste, o rendimento médio dos Europeus ocidentais é de 22 800 dólares. O colapso do comunismo na Europa Central e de Leste permitiu que 350 milhões de Europeus desta zona se deslocassem livremente. Destes migrantes potenciais, 70 milhões viriam de países que são agora membros da União Europeia. A agitação constante no Médio Oriente gerou imigração desta região em direcção ao Noroeste.

A dimensão da migração para a Europa Ocidental pode tornar-se gigantesca, e a imigração será uma das questões mais importantes, se não a mais importante, para a Europa na próxima década. Muitos dos imigrantes, e certamente os do Norte de África e do Médio Oriente, são muçulmanos, partilham uma cultura que parece ter cada vez mais dificuldade em integrar os valores ocidentais. Neste sentido, o desafio da imigração que a Europa enfrenta é mais intimidante do que os problemas similares nos Estados Unidos, onde a maioria dos imigrantes vem dos países católicos da América Latina. Os Europeus vivem numa grande inconsciência; se precisarem de um aviso, relativamente à questão da imigração, esse aviso tem de ser especialmente ruidoso.

Mais uma vez, será útil fazermos uma comparação entre os dois lados do Atlântico. Enquanto país de imigrantes, os Estados Unidos estão muito mais bem preparados para lidar com os problemas criados pelas vagas de imigração. Uma das áreas actualmente mais estudadas na economia e sociologia é o efeito da heterogeneidade racial no funcionamento da sociedade norte-americana. A Europa tem muito que aprender com os Estados Unidos em termos daquilo que se deve ou não fazer.

A grande lição que os Estados Unidos oferecem é fascinante e complexa. O *melting pot* americano tem tido um sucesso económico gigantesco. Contudo, gerir os problemas relacionados com a diversidade étnica e racial não tem sido fácil. A diversidade é, ao mesmo tempo, um dos maiores triunfos e uma das maiores dores de cabeça dos Estados Unidos. Muitas cidades americanas tiveram problemas com as relações raciais. Nova Iorque e Los Angeles, as duas cidades mais etnicamente diversificadas dos Estados Unidos, são também as cidades americanas líderes nos negócios e nas artes. Mas ambas as cidades (Los Angeles, em particular) passaram por motins raciais. Nos Estados Unidos, as relações raciais estiveram durante décadas – e continuam a estar – no centro do debate político, a ponto de as clivagens raciais serem tão ou mais importantes que o rendimento e determinantes para as preferências e atitudes políticas.

O primeiro passo necessário para enfrentar realisticamente os problemas inter-raciais é compreender a origem e as consequências da animosidade racial, mesmo que tal signifique revelar verdades pouco agradáveis. No caso dos Estados Unidos, os estudos económicos, sociológicos, psicológicos e políticos revelaram que os indivíduos de raças diferentes confiam muito menos uns nos outros; os brancos estão menos dispostos a suportar os custos do apoio social porque acham que este favorece as minorias, como dissemos no capítulo anterior. As comunidades racialmente mais fragmentadas têm governos menos eficientes, mais corrupção e favorecimento, mais crime e menos bens públicos produtivos por cada dólar de impostos. Em suma, as cidades racialmente diversificadas têm mais problemas sociais e menos capital social, ainda que algumas delas estejam entre as mais produtivas (Nova Iorque e Los Angeles, por exemplo).

A dificuldade em gerir cidades racionalmente diversificadas não significa que a solução seja eliminar a heterogeneidade e criar comunidades racialmente homogéneas. Mas é necessário ter consciência da realidade destas questões para que se possa começar a conceber políticas estatais concretas a respeito das relações raciais. Nem todos os Americanos estão de acordo quanto ao modo de o fazer. Alguns são a favor de programas de acção afirmativa, que dão preferência às minorias na admissão à universidade, nos empregos e nos contratos públicos. Estas políticas são vistas como uma forma de reparação de injustiças passadas e, mais importante, de criar modelos e ultrapassar a descriminação residual e mais ou menos voluntária. Outros opõem-se à acção afirmativa e sustentam que uma política racialmente neutra, associada ao mercado livre e aos valores pró-família, é suficiente para criar empregos para as minorias e ajudar as famílias negras a manterem-se unidas. Este é um factor crucial em qualquer política, já que uma das causas mais importantes da pobreza, nos Estados Unidos, é a proliferação de famílias monoparentais (mais especificamente, de mães solteiras) na comunidade negra.

Há outras questões: as faculdades para negros (universidades apenas para negros) são uma boa ou má ideia? Por que razão as jovens negras têm mais sucesso do que os jovens negros? Que relacionamento existe entre diferentes minorias raciais, por exemple, entre negros e Chineses? Este não é o lugar para apresentar soluções originais para o problema da harmonia racial nos Estados Unidos, mas é evidente que as cidades multirraciais e multi-étnicas americanas constituem um desafio e, ao mesmo tempo, são uma das fontes da vitalidade do país. A questão crítica é como manter as coisas boas e corrigir as más da heterogeneidade racial.

Independentemente de quais sejam as respostas correctas, a América continua a tentar procurá-las, por tentativa e erro, e a questão de saber o que fazer em relação às brechas nas relações raciais tem dominado a política norte-americana.

De uma forma geral, as minorias têm feito grandes progressos no sentido de maior integração e sucesso económico. Nos anos 50, os negros do Sul não podiam sentar-se nos lugares da frente dos autocarros; foi preciso que uma mulher negra corajosa, Rosa Parks, desafiasse esta regra. Actualmente, uma mulher negra é a Secretária de Estado norte-americana. Mas a posição económica das minorias nos Estados Unidos está longe de ser perfeita. A pobreza continua concentrada nas minorias. Como dissemos no capítulo anterior, em muitos casos, as preocupações raciais impedem a adopção de políticas racionais de apoio social. As minorias que preferem auto-segregar-se nas suas próprias comunidades agravam estes problemas.

Ao lermos os jornais europeus, é habitual notarmos algum snobismo para com os Estados Unidos no que respeita aos assuntos raciais. Eles, os Americanos, têm problemas com o racismo; nós estamos imunes, exceptuando os *skinheads* neonazis e afins. As imagens perturbantes das vítimas do furacão *Katrina*, que mostraram o desamparo das minorias pobres, deram grande alento ao complexo de superioridade europeu. Mas aquilo que aconteceu em 2005, desde Amesterdão a Paris, mostra que o problema racial na Europa está também profundamente enraizado. Tal como nos Estados Unidos, a triste verdade é que as relações inter-raciais são intrinsecamente difíceis e que a confiança e o comportamento cooperativo não transpõem bem as linhas raciais. Se os Europeus pensam que a sua sociedade pode lidar facilmente com um número cada vez maior de imigrantes estrangeiros de raças e culturas diferentes, estão bem enganados. Os tumultos em França, em Novembro de 2005, foram um despertar brutal para os Europeus, e isto é apenas o início de um longo e árduo processo de aclimatização.

O racismo e a utilização da imigração como alavanca política passaram a estar na agenda da direita europeia. A Liga do Norte, na Itália, o antigo Vlaams Blok (agora chamado Vlaams Belang depois de o partido original ter sido declarado criminoso e ilegalizado), na Bélgica, e a Front National, de Le Pen, em França, são exemplos de partidos que partilham uma aversão pelos imigrantes e que promovem políticas simplistas para os controlar.

Embora indivíduos como Jorg Haider e Jean-Marie Le Pen venham e vão (nunca demasiado cedo), a questão racial não desaparecerá tão depressa da política europeia. Até mesmo algumas das palavras usadas pelo ministro da Administração Interna francês, Sarkozy, durante os tumultos de Paris, mostraram, no mínimo, grande ingenuidade; na pior das hipóteses, arrogância sobre como lidar com temas raciais delicados.

Como é que a *intelligentsia* europeia reage à imigração? Pelo menos nos seus jantares, é admissível afirmar que a imigração recente fez aumentar a criminalidade, mas já é de mau gosto falar contra o apoio social aos imigrantes ou a favor de outras regras discriminatórias. Mas, em breve, estes temas terão de ser discutidos. Se os imigrantes cometem crimes, devemos recompensá-los com apoio social? Isto é especialmente urgente porque vários estudos mostram que os imigrantes tendem a ser grandes utentes dos benefícios sociais. Esta questão, hoje inaceitável nas boas mesas da sociedade europeia, terá em breve de ser discutida.

A Suécia é um caso exemplar. A imigração começou em grande escala em finais dos anos 70 e início dos anos 80, como resultado da política aberta relativamente aos refugiados e exilados. Após um período de entusiasmo humanitário, os problemas começaram a aparecer. Por fim, alguns episódios racistas obrigaram a Suécia a enfrentar o problema de como lidar com uma vasta população imigrante.

Então, que devem os Europeus pensar sobre a política de imigração? O primeiro passo é eliminar políticas «extremas» que não têm sentido: abrir totalmente as fronteiras e deixar entrar toda a gente, ou encerrar totalmente as fronteiras e não deixar entrar ninguém.

O problema da primeira solução é óbvio: a Europa não se pode dar ao luxo de receber, de repente, grande número de Africanos pobres. Isso geraria tremendos problemas sociais na Europa. Mas se a migração de África for limitada, a Europa deve permitir o comércio livre de bens, que pode ser um substituto para o comércio de factores de produção (trabalho). Tal como discutiremos mais à frente, a política agrícola proteccionista da Europa prejudicou severamente as economias de muitos países africanos que exportam produtos agrícolas. Se a política agrícola europeia fosse mais sensível e justa, as economias africanas poderiam avançar mais e diminuiria a vontade de os Africanos irem para a Europa.

O extremo oposto tem também problemas. A Europa precisa de imigrantes. A sua população está a envelhecer, como dissemos na Introdução, e o índice de dependência aumentou tremendamente. A população de indivíduos com 60 ou mais anos de idade como percentagem da população na faixa etária entre os 15 e os 59 anos era de 26% em 1990, 35% em 2000 e actualmente é mais elevada. O número de nascimentos por cada mil habitantes caiu, entre 1970 e 2000, de 16,8 para 9,3 na Itália, de 13,4 para 9,4 na Alemanha Ocidental, de 19,6 para 9,8 em Espanha e de 16,7 para 13,2 em França. Na Itália, que tem a mais baixa taxa de natalidade da Europa, o envelhecimento da população é preocupante: a Itália é o país europeu com o mais baixo índice de população com menos de 20 anos de idade (ver figura 2.1).

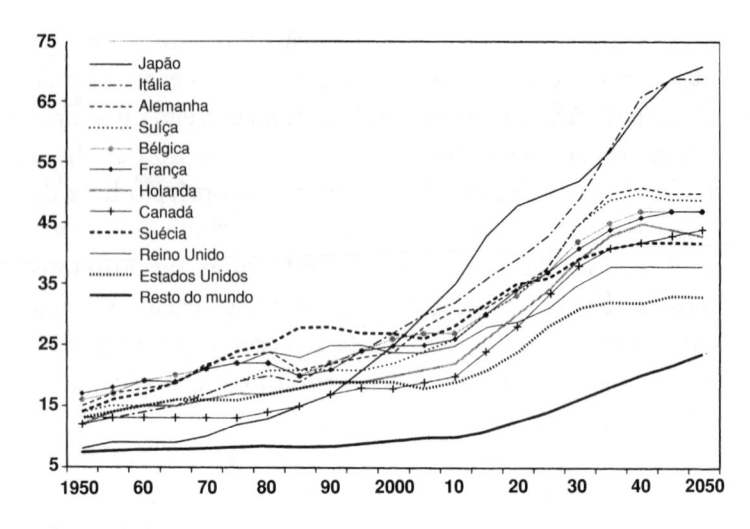

Figura 2.1
Envelhecimento: índice da população com 65 ou mais anos em percentagem da população entre os 15 e os 64 anos.
Fonte: UN Population Division, *World Population Prospects*, 2004.

O número de imigrantes é particularmente baixo em Espanha e Itália (ver quadro 2.1). A Suécia destaca-se como o país da União Europeia com maior número de imigrantes como percentagem da sua população. Pouco surpreendentemente, a Suécia é também o país da União Europeia onde o pensamento sobre a política de imigração é mais avançado. A Áustria tem também um número relativamente elevado de imigrantes, mas são, na sua maioria, imigrantes recentes da Europa de Leste.

Quadro 2.1
Percentagem de imigrantes na população, 2000

País	percentagem de imigrantes
Bélgica	8,6
Áustria	9,4
Itália	2,8
Holanda	9,9
Portugal	2,3
França	10,7
Finlândia	2,6
Alemanha	8,9
Espanha	3,1
Suécia	11,2
Dinamarca	5,7
Irlanda	8,1
Reino Unido	6,8
Grécia	4,9

Fonte: Banco Mundial, Indicadores do Desenvolvimento Mundial.

Mas, para além dos efeitos demográficos, a imigração tem outras consequências. O influxo de trabalho especializado aumenta a competição, estimula a inovação e cria novas oportunidades para o desenvolvimento do capital humano. Actualmente, os Estados Unidos são o destino preferido de muitos jovens brilhantes em busca de mercados onde possam aplicar as suas competências. Para o trabalhador altamente especializado, mesmo após a era do 11 de Setembro é fácil obter uma autorização de residência nos Estados Unidos e, depois, a cidadania. A imigração pode também servir para reduzir os custos de certos grupos. O recente afluxo de canalizadores polacos, que tantos Franceses assustou, pode ter sido inoportuno para os caros canalizadores de Paris, mas o que pensam os Parisienses que precisam de contratar canalizadores mais baratos?

Fechar as fronteiras da Europa é tão errado quanto impossível. Portanto, como é que a Europa lida com o problema? Os primeiros a baterem à porta da Europa foram os cidadãos dos novos Estados da Europa Central e de Leste. Tratava-se de indivíduos com habilitações superiores e que podiam facilmente adaptar-se. Parecia que os velhos Estados da UE iriam deixar a maioria entrar imediatamente. Mas isto não acontecerá durante muitos anos. Preocupados com uma invasão de trabalhadores migrantes da Europa Central e de Leste, os membros originais da UE erigiram barreiras para travar o fluxo. Apesar da retórica do mercado aberto da União Europeia, para muitos cidadãos dos novos Estados-membros, a livre mobilidade de trabalho não se tornará realidade antes de 2010. Trata-se de uma política discutível.

Em primeiro lugar, mesmo que hoje as fronteiras da UE se abrissem totalmente ao Leste, a Europa Ocidental não seria inundada por trabalhadores vindos da Europa Central e de Leste. Segundo o relatório *An Agenda for a Growing Europe*, publicado pela Oxford University Press em 2004 para a Comissão Europeia, se as fronteiras fossem totalmente abertas, entre 250 000 e 450 000 trabalhadores, no máximo, migrariam para o Ocidente durante os primeiros dois anos, seguidos por cerca de 100 000 a 200 000 durante os anos seguintes. Na primeira década, o número acumulado de migrantes pode alcançar entre 1,5 e 4 milhões, ou seja, 2,4 a 5% do total da população dos novos Estados-membros – e uma pequena fracção da população total dos 15 membros originais da União Europeia. Isto condiz com muitos dados estatísticos, que mostram que os Europeus, tanto do Ocidente como do Leste, são pessoas relativamente sedentárias. As barreiras linguísticas e o apego às raízes culturais e familiares levam as pessoas a ficar, mesmo quando podem esperar benefícios económicos significativos da mudança.

Em segundo lugar, quanto mais a Europa esperar para abrir as suas fronteiras, mais baixa será a qualidade do capital humano que receberá. Como disse recentemente Mircea Geoana, o jovem ex-ministro dos Negócios Estrangeiros da Roménia: «Se a UE esperar mais sete ou dez anos para abrir as fronteiras, os trabalhadores que receberá do meu país serão os menos qualificados, camponeses e indivíduos com baixo capital humano: nessa altura, os médicos, os arquitectos e os engenheiros terão emigrado para os Estados Unidos.» De facto, foi precisamente isto que aconteceu com os Russos: os mais qualificados foram para os Estados Unidos. A Europa tem conseguido atrair apenas alguns oligarcas, que migraram para a Riviera francesa, e um punhado de cantores de rua.

Em terceiro lugar, enquanto as fronteiras da União continuarem fechadas, há também o perigo de o investimento estrangeiro passar por cima da Europa Ocidental e ficar na Europa Central e de Leste, onde as pessoas estão dispostas a trabalhar mais horas, as regulações do mercado são menos intrusivas e o capital humano é relativamente elevado, já que as escolas comunistas eram boas em termos de formação técnica. Estes países abriram os seus mercados aos investidores estrangeiros – e os investidores estrangeiros responderam sem demora.

Por último, face às elevadas expectativas que precederam a entrada na União Europeia, o incentivo aos novos membros geraria um recuo relativamente aos

Europeus Ocidentais. A discriminação contra os cidadãos dos novos países membros pode criar grandes problemas políticos à União Europeia. A retórica contra os indivíduos do Leste, que desfigurou o voto «não» da constituição europeia em França, foi muito expressiva. A protecção dos empregos dos trabalhadores franceses, ameaçados por trabalhadores migrantes, foi a reivindicação mais visível do campo oposto à constituição.

Por conseguinte, abrir a fronteira aos imigrantes qualificados da Europa Central e de Leste é a política correcta, e a Europa Ocidental tem de agir mais depressa. A abertura das fronteiras aumenta a competição, eleva o capital humano e cria repercussões sociais *negativas* muito limitadas. Se os canalizadores franceses tiverem de reduzir os seus preços ou trabalhar mais, que seja. Infelizmente, porém, os poucos imigrantes do Leste não resolverão nem o problema do envelhecimento da população da Europa Ocidental nem a procura do mercado de emprego.

Há, então, um segundo tipo de imigração potencialmente mais problemático. À medida que as fábricas vão sendo deslocalizadas para o Sudeste Asiático, a Europa torna-se cada vez mais uma economia de serviços. Isto significa que os antigos empregos fabris têm de ser substituídos por dois tipos de actividades ligadas aos serviços: as altamente qualificadas (finança, educação) e as pouco qualificadas, as pessoas que «servem» os mais qualificados. Infelizmente, isto é um facto: devia haver sistemas eficientes de apoio social para corrigirem a desigualdade excessiva e a pobreza. A propósito, os serviços providenciados por muitos desses empregos não podem ser «comprados». O comércio de bens e serviços, neste caso, não é substituto para a mobilidade laboral. Quando fazemos uma reserva para um voo entre Boston e Chicago, o funcionário da companhia aérea pode estar a responder da Índia, mas o empregado indiano de um restaurante em Nova Iorque tem de estar fisicamente em Nova Iorque. E em relação aos milhões de desempregados europeus? Muitos deles, especialmente os que perderam os seus empregos nas fábricas com o declínio das indústrias pesadas, não estão dispostos ou não podem trabalhar no sector dos serviços; muitos deles são até demasiado velhos para reciclarem a sua formação para a área dos serviços. A triste verdade é que muitos dos desempregados não podem arranjar emprego e, provavelmente, chegarão à idade da reforma usando várias formas de apoio social.

Uma razão por que a Europa tem tanta dificuldade em adaptar-se ao desaparecimento dos tradicionais empregos fabris é a rigidez dos salários relativos. Nos Estados Unidos, entre os anos 70 e 2000, a diferença entre o salário médio e os salários dos trabalhadores mais mal pagos aumentou 13% para os homens e 18% para as mulheres. Em França e na Alemanha, aconteceu o contrário: a disparidade reduziu-se tanto para os homens como para as mulheres, em cerca de 4 e 10% respectivamente. Isto explica por que existem tão poucos postos de trabalho pouco qualificado nestes países, e por que razão as empresas substituíram os trabalhadores pouco qualificados por máquinas.

Os estudos disponíveis sobre os efeitos de deslocação da migração de fora da União Europeia, nomeadamente a perda de postos de trabalho para os Europeus Ocidentais causada pela imigração, sugerem que a deslocação será pequena ou mesmo nula. De facto, se a Europa quiser continuar a funcionar, a imigração tem de se estender muito para além dos altamente especializados e facilmente assimiláveis cidadãos da Europa Central e de Leste, para o Magreb, Índia e Sudeste Asiático, já para não falar do Norte de África. Em muitos sentidos, isto já acontece: o Filipino que trata dos idosos, a empregada doméstica peruana, etc. Nas tardes de domingo, em Milão, Paris e em qualquer cidade turística europeia, podem ver-se grandes grupos de mulheres asiáticas a gozarem o seu descanso dos trabalhos domésticos.

Ainda que não haja uma solução fácil para os problemas da imigração, a abordagem economicamente racional é a imigração selectiva. Cada país decide quem deixa entrar, conforme as necessidades do mercado de trabalho e tendo atenção aos possíveis custos sociais em termos de relações raciais. Em certo sentido, esta é a política seguida por países como os Estados Unidos, a Austrália e o Canadá. Por exemplo, nos Estados Unidos, o sistema do cartão verde permite que o governo conceda autorizações de trabalho com base nas necessidades do mercado laboral. A Europa devia seguir na mesma direcção, concedendo algumas autorizações de trabalho (que podiam incluir uma eventual cidadania) em função das necessidades do país de acolhimento.

O problema, porém, é que os governos europeus costumam tomar as suas decisões baseados, não em análises racionais das necessidades do país, mas sob pressão dos lóbis internos. Por exemplo, foram as enfermeiras e os canalizadores franceses que fizeram pressão contra a imigração dos seus congéneres da Europa de Leste. Tal como em muitos outros pontos políticos discutidos neste livro, a Europa corre o risco de seguir as vias políticas erradas, pois os governos são reféns de agentes internos. A pressão de lóbis internos tende a tornar as políticas de migração demasiado restritivas. A alternativa clara é criar incentivos para que o governo permita a entrada de mais gente.

No que respeita às relações raciais, há ainda questões mais difíceis a enfrentar. Se os partidos tradicionais da Europa não começarem a fazer um investimento sério para tentarem compreender as tensões raciais e fazerem da raça uma das suas prioridades, indivíduos como Le Pen irão preencher o vazio com as suas mensagens de ódio.

3

Americanos a Trabalhar, Europeus de Férias*

No início dos anos 70, os Europeus e os Americanos trabalhavam quase o mesmo número de horas; hoje, os Europeus trabalham muito menos, como nos mostra a figura 3.1. Em 1973, nos Estados Unidos, França, Alemanha e Itália, as horas passadas a trabalhar durante um ano por pessoa em idade de trabalho (15-64) eram cerca de 1800; actualmente, são quase as mesmas nos Estados Unidos e são cerca de 1400 nestes três países europeus. O trabalhador do Reino Unido está mais ou menos a meio daqueles valores.

Por que razão aconteceu isto? E quais são as consequências para o crescimento económico, que, na Europa, começou a desacelerar relativamente aos Estados Unidos?

De forma sucinta, existem duas opiniões. Uma afirma que os Europeus simplesmente apreciam o lazer mais do que os Americanos. Mas, até meados dos anos 70, os Europeus trabalhavam mais do que os Americanos. Por-

---

* Este capítulo foi retirado de A. Alesina, E. Glaeser e B. Sacerdote, 2004, «Work and leisure in the US and Europe: Why so different? *NBER Macroeconomic Annual*, MIT Press.

tanto, para sermos mais precisos, relativamente aos Americanos, quando os Europeus enriqueceram, passaram a dedicar mais o seu tempo no consumo de lazer do que na produção de rendimento para comprarem bens. E, mais uma vez, como é sugerido por algumas das pessoas que sustentam esta opinião, a Europa é, em certos aspectos, superior aos Estados Unidos, porque os Europeus se divertem mais e, mesmo assim, mantêm um bom nível de vida e taxas de crescimento decentes. Aparentemente, segundo dizem, os Europeus estão conscientes das contrapartidas de trabalhar e produzir menos e fizeram uma escolha muito sensata.

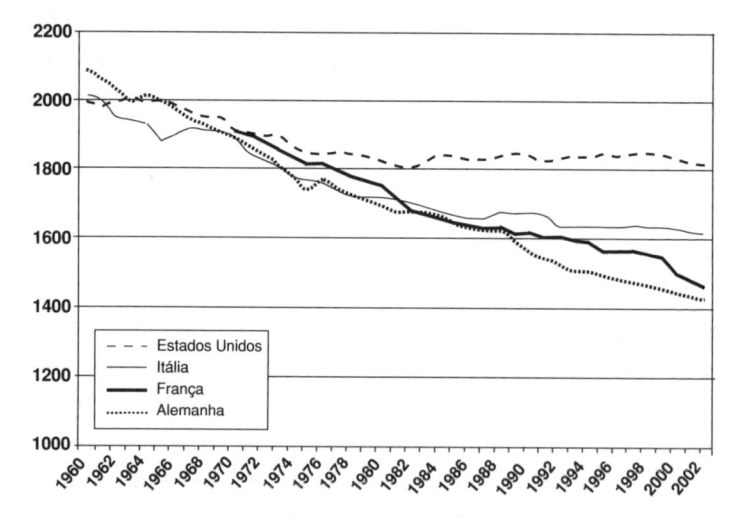

Figura 3.1
Horas de trabalho anuais nas últimas duas décadas.
Fonte: Alesina, Glaeser e Sacerdote (2004).

A outra opinião é que os Europeus trabalham cada vez menos por causa da tributação do rendimento e das regulamentações impostas pelos sindicatos sobre as horas de trabalho, tempo de férias, horas extraordinárias e idade de reforma. Segundo esta perspectiva, as horas de trabalho diminuíram bastante na Europa devido à confluência de todas estas distorções, que criam também um forte obstáculo ao crescimento do rendimento e problemas para a solvência dos sistemas de pensões. Entretanto, os Europeus não se apercebem do perigo desta tendência e continuam a viver no sonho no qual podem tirar férias cada vez mais longas, reformar-se cedo e ter um esposa em casa, enquanto gozam de um nível de rendimento cada vez maior.

Qual é a perspectiva correcta? Pensamos que o segundo cenário, mais pessimista, está mais próximo da realidade. Isto não significa que a primeira opinião deva ser completamente desprezada. Mesmo que a Europa elimine todas as distorções, as horas de trabalho nunca aumentarão até ao nível dos Estados Unidos, provavelmente porque há diferenças culturais nas preferências. Mas acreditamos firmemente que as distorções acima mencionadas (tributação, regulamentação e sistemas de pensões), que permitem que o trabalhador se reforme cedo, levaram alguns países europeus, especialmente a França, a Alemanha e a Itália, a enveredarem, excessivamente, no sentido de trabalharem muito pouco. Por muito pouco queremos dizer uma quantidade demasiado diminuta para ser compatível com as aspirações dos Europeus actuais relativamente aos seus rendimentos esperados enquanto trabalham e quando estiverem reformados.

Para abordarmos estas questões de forma mais profunda, temos de começar por ver como é que os Europeus trabalham menos do que os Americanos. Existem três razões que explicam por que as horas de trabalho de uma pessoa podem ser diferentes. A primeira é que uma fracção mais pequena da população está empregada quando a participação na força de trabalho é mais baixa ou quando o desemprego é mais elevado. A segunda é que aqueles que trabalham tiram férias mais longas, apresentam mais baixas médicas ou gozam licenças de maternidade mais prolongadas. A terceira é que as horas de trabalho numa semana, sem folgas, e quando o trabalhador não está doente, são em menor número. Estes três factores podem explicar as diferenças entre os Estados Unidos e a Europa.

O quadro 3.1 mostra-nos as diferenças de horas de trabalho por pessoa nos Estados Unidos, em comparação com a França, Alemanha e Itália. Note-se que, em França e na Alemanha, os três factores têm um peso similar, aproximadamente um terço da diferença. Em Itália, o maior efeito vem da baixa participação na força de trabalho. Neste país, a participação no trabalho é especialmente baixa entre os homens e mulheres com menos de 30 anos e mais de 50.

Que fazem as pessoas quando não trabalham na economia de mercado? Podem estar a gozar actividades de lazer, a produzir bens e serviços nas suas casas ou podem estar a trabalhar na economia paralela e não declararem os rendimentos. Há muitos indícios de que algumas das chamadas actividades de lazer europeias são dedicadas àquilo a que os economistas designam por «produção caseira». Pensemos, por exemplo, na cozinha caseira em vez das refeições de restaurante, naqueles que tomam conta de crianças em casa e não nos jardins de infância, e nas mulheres-a-dias. Obviamente, é difícil dizer se cozinhar é lazer ou trabalho, e o mesmo se aplica à activi-

Quadro 3.1
Diferenças de horas de trabalho em França, Alemanha e Reino Unido, em comparação com as horas de trabalho nos Estados Unidos.

		Diferença explicada de fracção de horas
n.º total de horas por semana/pessoa		
Estados Unidos	25,13	
França	17,95	
Alemanha	18,68	
Itália	16,68	
Estados Unidos-França	7,18	1,00
Estados Unidos-Alemanha	6,45	1,00
Estados Unidos-Itália	8,45	1,00
emprego/população, 15-64		
Estados Unidos	0,72	
França	0,64	
Alemanha	0,66	
Itália	0,57	
Estados Unidos-França	0,08	0,36
Estados Unidos-Alemanha	0,06	0,31
Estados Unidos-Itália	0,15	0,59
semanas de trabalho por ano		
Estados Unidos	46,16	
França	40,54	
Alemanha	40,57	
Itália	40,99	
Estados Unidos-França	5,62	0,39
Estados Unidos-Alemanha	5,59	0,44
Estados Unidos-Itália	5,17	0,29
horas semanais normais por trabalhador		
Estados Unidos	39,39	
França	36,21	
Alemanha	36,48	
Itália	37,42	
Estados Unidos-França	3,18	0,25
Estados Unidos-Alemanha	2,91	0,26
Estados Unidos-Itália	1,97	0,13

Fonte: Alesina, Glaeser e Sacerdote (2004).

dade de tomar conta de crianças: provavelmente, é um pouco de ambos. Em alguns países europeus, especialmente na Itália, a economia paralela ocupa uma fracção da população que surge como não trabalhadora nas estatísticas oficiais. Isto é importante no seguinte sentido. Imaginemos que a diferença entre os Estados Unidos e a Europa em tempo de trabalho determinado podia ser anulada pelos Europeus que trabalham em casa e na economia paralela. Isto eliminaria totalmente a versão segundo a qual os Europeus simplesmente estão mais dispostos a desfrutar o lazer. Os Europeus podem estar a trabalhar em casa ou na economia paralela para fugir aos impostos e às regulamentações, mas fá-lo-iam de forma muito pouco produtiva, já que a produtividade é mais elevada com a especialização do mercado. Portanto, na medida em que os Europeus não trabalham no mercado porque trabalham em casa ou na economia paralela, a produtividade da economia diminui. Ainda que não seja evidente que as actividades realizadas em casa sejam sempre menos produtivas do que as actividades do mercado (pois as refeições caseiras são mais saudáveis do que a comida dos McDonald's), a perda de produtividade é um facto na economia paralela. Além disso, embora a produção caseira e a economia paralela tenham algo que ver com o menor número de horas de trabalho na Europa, os Europeus, de facto, gozam mais férias do que os Americanos. Em Agosto, por exemplo, nem sequer os Parisienses ou os Milaneses da economia paralela trabalham.

O quadro 3.2 compara os benefícios laborais dos Estados Unidos e da Europa. Como o quadro mostra, um típico trabalhador alemão trabalha menos cinco semanas e meia por ano do que um trabalhador americano. Das semanas restantes, 4,8 semanas são reservadas para as férias mais longas de um trabalhador na Alemanha, e a estas acrescente-se mais meia semana se o trabalhador alemão apresentar baixas médicas e outra semana se ele se ausentar por razões pessoais.

Então, por que preferem os Europeus trabalhar menos do que os Americanos? Como já referimos, a primeira razão que vem à mente são os impostos. Os impostos sobre o rendimento e, em especial, as taxas marginais têm subido na Europa, desde meados dos anos 70, muito mais do que nos Estados Unidos. Os Europeus podem trabalhar menos porque pagam demasiados impostos: os impostos altos podem induzir as pessoas a desfrutarem de mais lazer, a passarem para a economia paralela não tributada ou a produzirem bens e serviços em suas casas.

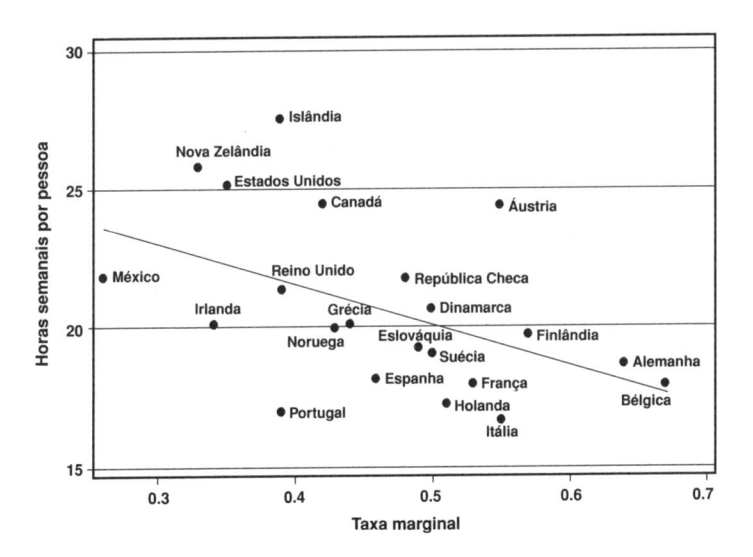

Figura 3.2
O declínio do número de horas de trabalho por semana e o aumento da taxa marginal.
Fonte: Alesina. Glaeser e Sacerdote (2004).

Quadro 3.2
Distribuição do ano de 52 semanas em semanas de trabalho e de não trabalho

	semanas de trabalho por ano	semanas de férias e folgas	ausências de uma semana por razões que não de folgas	ausências curtas por razões que não de folgas	ausências por doença e licença de maternidade
Áustria	39,5	7,3	2,6	0,4	2,3
Bélgica	40,3	7,1	2,2	0,5	2,0
Suíça	42,6	6,1	1,5	0,7	1,1
Alemanha	40,6	7,8	1,8	0,3	1,5
Dinamarca	39,4	7,4	2,2	1,0	1,9
Espanha	42,1	7,0	1,3	0,4	1,2
Finlândia	38,9	7,1	2,4	1,5	2,1
França	40,7	7,0	2,0	0,4	1,8
Grécia	44,6	6,7	0,3	0,2	0,2
Hungria	43,9	6,3	0,9	0,1	0,8
Irlanda	43,9	5,7	1,2	0,2	0,9
Itália	41,1	7,9	1,7	0,3	0,9
Luxemburgo	41,9	7,5	1,3	0,1	1,1
Holanda	39,6	7,6	2,0	0,8	2,0
Noruega	37,0	6,5	4,0	1,1	3,5
Polónia	43,5	6,2	1,2	0,3	0,9
Portugal	41,9	7,3	1,4	0,2	1,2
Suécia	36,0	6,9	3,8	1,7	3,7
Reino Unido	40,8	6,6	1,5	1,5	1,6
Estados Unidos	46,2	3,9	0,94		0,96

Fonte: Alesina, Glaeser e Sacerdote (2004). Fonte original: *OECD Employment Outlook* (2004). Os valores de doença e licenças de maternidade estão ajustados para 50% sem registo).

Nota: Para os dados relativos aos EUA, calculamos as semanas de férias e de doença de trabalhadores a tempo inteiro segundo o PSID. Calculamos as semanas de feriados usando as folgas federais e do mercado bolsista. Outras ausências que não se refiram a folgas são contadas nas residuais.

A distribuição da figura 3.2 mostra as taxas marginais do imposto sobre o rendimento e as horas trabalhadas em vários países da OCDE, e a correlação parece ser forte. Ou seja, à medida que a taxa de imposto sobe, o salário líquido diminui e as pessoas trabalham menos. Num artigo muito citado, Edward Prescott, prémio Nobel de Economia em 2004, afirma que a diferença de horas de trabalho entre os Estados Unidos e a Europa pode ser inteiramente explicada pelos impostos.

Não há dúvida de que os impostos têm algo que ver com a propensão para trabalhar no mercado (em vez de trabalhar em casa, na economia paralela ou não trabalhar de todo), mas a questão é se os impostos serão a única ou a principal explicação para a diferença existente entre os Estados Unidos e a Europa. Para estudarmos esta relação, temos de analisar o número de horas de trabalho que as pessoas reduzem à medida que os seus impostos aumentam. Por outras palavras, quantos mais homens e mulheres abandonarão a força de trabalho ou diminuirão as horas de trabalho à medida que sobem os impostos sobre o rendimento?

Os economistas especializados no trabalho mostram que a reacção da força laboral às variações dos salários líquidos é diminuta nos homens e mais forte nas mulheres. A ideia é que, na maioria das famílias, o homem adulto é ainda o trabalhador principal; portanto, tem de trabalhar «seja como for». O trabalhador secundário pode dar-se ao luxo de ser mais sensível ao nível de impostos. Por exemplo, um aumento da taxa marginal pode tornar menos apelativo um posto de trabalho a tempo inteiro, especialmente se a contrapartida é pagar os altos custos para alguém tratar das crianças. Portanto, os aumentos da taxa marginal podem explicar parcialmente a diferença na participação na força de trabalho das mulheres francesas, alemãs e italianas, em comparação com os Estados Unidos. Contudo, não é uma explicação suficiente para a diferença na participação na força de trabalho entre os homens europeus e os americanos.

As diferenças no tempo de férias e horas de trabalho numa semana normal decorrem, sobretudo, de regulamentações impostas pela lei e de contratos sindicais, que pouco têm a ver com os impostos. Cerca de 80% da diferença nas horas de trabalho entre dois trabalhadores nos Estados Unidos e na Europa pode ser explicada pelas diferenças no tempo de férias obrigatório. Enquanto que, na Europa, a lei impõe pelo menos quatro semanas de férias por ano, esta regulamentação não existe nos Estados Unidos. Além disso, tal como mostrámos na figura 3.1, o declínio das horas de trabalho a partir dos anos 70 apresenta uma tendência muito constante durante todo o período, enquanto que os aumentos de impostos se concentram no início das três décadas seguintes. Por exemplo, a semana de 35 horas em França foi introduzida em 1999, ou seja, num período em que não houve aumento de impostos.

A figura 3.3 mostra a forte correlação inversa entre a parte da força de trabalho coberta por contratos sindicatos e horas de trabalho em toda a OCDE. Os dados relativos aos Estados Unidos são compatíveis com a importância dos sindicatos na determinação do tempo de férias. A figura 3.4 mostra uma correlação positiva entre o número de dias de férias e a densidade sindical nos Estados Unidos. Ainda em relação a este país, os dados de vários estudos mostram que os membros dos sindicatos têm mais tempo de férias pagas do que os outros não membros.

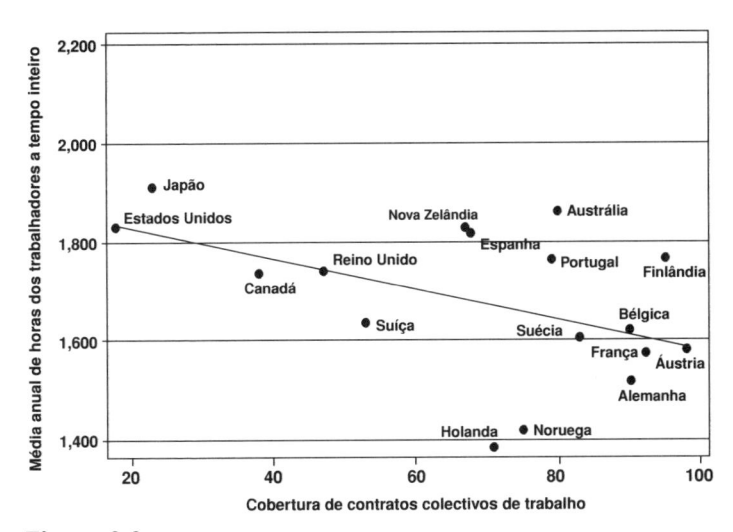

Figura 3.3
Percentagem de horas por ano cobertas por contratos colectivos de trabalho.
Fonte: Alesina, Glaeser e Sacerdote (2004).

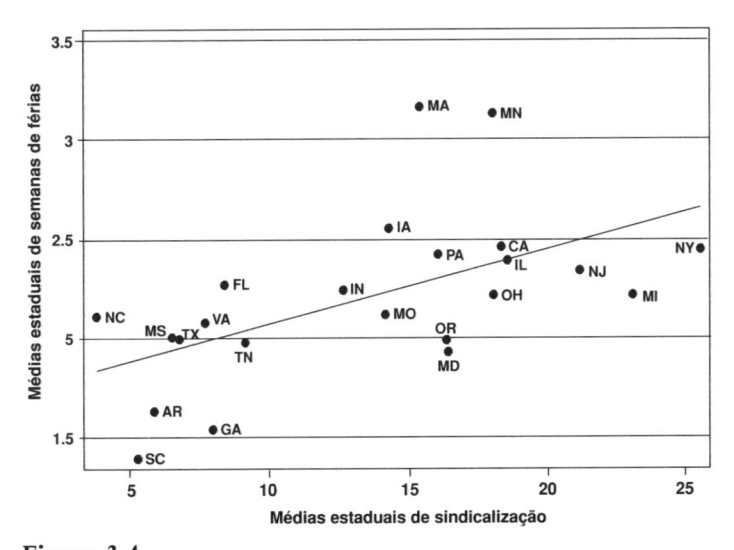

Figura 3.4
Tempo médio de férias nos Estados Unidos e taxa de sindicalização, baseado em dados do Bureau of Labor Statistics.
Fonte: Alesina, Glaeser e Sacerdote (2004).

Na Europa, as horas de trabalho têm vindo a diminuir ao longo do tempo; portanto, se os sindicatos e as leis laborais fossem os responsáveis, a sua influência não podia ser tão constante durante todo o este tempo. Historicamente, a força dos sindicatos aumentou em resultado da agitação política dos anos 60, das revoltas de Maio de 68 em França, do *Autunno Caldo* em 1969 em Itália, da recessão e agitação do início dos anos 70, do sucesso da esquerda, nos anos 70, na Itália e na Alemanha, e França no início dos anos 80. De facto, a partir de meados dos anos 70, numa altura de aumento do desemprego, o *slogan* «Trabalhem menos, trabalhem todos» foi entoado em muitas línguas diferentes em manifestações sindicais europeias. Em França, nos anos 70, a redução das horas de trabalho foi o principal tema de disputa entre os sindicatos e os patrões. Quando o governo esquerdista de François Miterrand assumiu funções, em 1981, o poder político pendeu para o lado dos sindicatos e a semana de 39 horas foi rapidamente introduzida.

Os sindicatos pareciam acreditar (ou, pelo menos, esta era a sua retórica) que uma economia podia providenciar apenas um número determinado de horas a ser dividido pelos trabalhadores. Partilhando esta quantidade de trabalho com mais pessoas, podia-se reduzir o desemprego. Trabalhem menos, trabalhem todos, precisamente. Mas por que escolheram os sindicatos esta estratégia? Uma explicação é que, em resposta ao choque dos anos 70, os sindicatos lutavam para conservar os seus membros das indústrias em declínio, protegendo os sindicalistas de serem dispensados. Por conseguinte, defendiam políticas de partilha do trabalho e, ao mesmo tempo, exigiam salários iguais por menos horas de trabalho. O aumento do valor da hora de trabalho levou a um aumento dos custos laborais e, deste modo, a uma redução da procura, que fez crescer o desemprego e reduziu ainda mais o total de horas de trabalho.

Os sindicatos tiveram também influência no aumento dos sistemas de pensões e na redução da idade média da reforma. Este efeito é especialmente forte na Itália, onde uma fracção particularmente baixa de pessoas idosas (com mais de 55 anos) faz ainda parte da força de trabalho. Em alguns países, as gerações mais jovens permanecem mais tempo na escola, adiando a entrada no mercado de trabalho. Os sindicatos podem ser também responsabilizados por esta tendência, uma vez que se opuseram frequentemente aos contratos de trabalho temporários e mais flexíveis, que podiam ajudar os trabalhadores mais jovens e menos qualificados a entrar na força de trabalho. Porquê? A resposta é simples. Os sindicatos são dirigidos por trabalhadores mais velhos e até por reformados. Estão mais interessados em proteger estas categorias, os seus próprios interesses, do que um magote de trabalhadores mais novos.

Por último, à medida que as horas de trabalho começam a diminuir, o processo torna-se auto-suficiente. Por cada esposa, familiar, amigo ou colega que tira mais tempo de férias, o gozo das férias de cada um aumenta também, porque o tempo de férias pode ser passado com a esposa, com o familiar ou com o amigo. Como os amigos permaneciam na escola durante mais tempo e percebiam que podiam ter seis semanas de férias quando trabalhavam, outros quiseram fazer o mesmo e exigiram mais tempo de férias. Curiosamente, os dados relativos à Alemanha, colhidos por Jennifer Hunt, mostram que, quando um membro de uma família obtinha um novo contrato com mais tempo de férias, o outro membro tirava também mais férias. Os europeus gostam de gozar férias juntos, com a família e os amigos.

Este fenómeno é muitas vezes referido como um multiplicador social: como o gozo do lazer aumenta com o número de pessoas que tiram tempo de férias, aumenta o incentivo para que mais pessoas tirem tempo de férias, e o número médio de horas de trabalho diminui. As atitudes culturais relativamente ao lazer evoluem lenta mas seguramente, e quando se torna normal ter seis semanas de férias, chega-se a um novo equilíbrio social difícil de inverter. O mesmo se passa com a reforma: quando se torna normal um homem reformar-se aos 60 anos, os trabalhadores que se aproximam desta idade não querem continuar a trabalhar se virem pessoas um pouco mais velhas já a gozarem reformas generosas há vários anos.

Mas há provas mais óbvias do facto de o lazer de outras pessoas aumentar o nosso próprio lazer. Pensemos na organização dos dias de semana e dos fins-de-semana. Numa perspectiva de eficiência produtiva, faria sentido que as fábricas funcionassem normalmente sete dias por semana. As zonas de férias não estariam sobrepovoadas aos fins-de-semana e vazias nos dias de semana. No entanto, todas as sociedades modernas estão organizadas com fins-de-semana.

Por conseguinte, será a redução das horas de trabalho uma das causas da baixa taxa de crescimento na Europa continental durante a última década relativamente aos Estados Unidos? A resposta mais curta é sim. Uma resposta mais longa requer que se discuta a produtividade laboral. No final do século XIX, a maior parte da Europa era mais rica do que os Estados Unidos, ainda que países como a Itália e a Espanha fossem mais pobres. No início dos anos 50, depois de duas guerras mundiais e da instabilidade económica e política dos anos entre as guerras, a produção *per capita* na Europa desceu para quase metade do nível dos Estados Unidos. Nos anos 60, e num ritmo mais lento nos anos 70, a Europa recuperou algumas das perdas. Como dissemos na Introdução, no início dos anos 80, o rendimento europeu *per capita* estava a 75% do nível americano. Nos 25 anos seguintes, porém, não houve praticamente ganhos: a diferença da produção *per capita* entre a Europa e os Estados Unidos manteve-se próxima dos 25%. Por outras palavras, entre os anos 50 e 70, os Europeus trabalhavam mais do que os Americanos e tinham a mesma produtividade. Estavam também a ganhar terreno. A partir de meados dos anos 70 até meados dos anos 80, os Europeus começaram a trabalhar cada vez menos, mas o seu rápido crescimento de produtividade à hora permitiu-lhes manterem-se no mesmo ritmo que os esforçados Americanos. Nos Estados Unidos, esta foi uma época de preocupação com o lento crescimento da produtividade. No entanto, nos últimos dez anos, os Americanos não só trabalharam mais do que os Europeus como a sua produtividade cresceu a um ritmo mais acelerado. Consequentemente, a Europa está a ficar para trás. Não há dúvida de que, se os Europeus quiserem continuar a trabalhar poucas horas, deviam começar a ser mais produtivos quando trabalham!

Ainda assim, os Europeus estão satisfeitos e contentes com as suas férias longas, reformas mais cedo e semanas de trabalho pequenas. Bem, pelo menos agem como se o estivessem. Até agora, as tentativas para se aumentarem as horas de trabalho têm deparado com forte resistência. Na Alemanha, por exemplo, há alguns anos, um estudo de opinião mostrou que os trabalhadores alemães trabalhariam até menos horas se lhes fosse dada essa opção. Nos Estados Unidos, regista-se o contrário. Os Americanos dizem-se dispostos a trabalhar mais por mais dinheiro se lhes derem a oportunidade. Em suma, os Europeus querem trabalhar ainda menos e os Americanos não se importam de trabalhar ainda mais. Curiosamente, há sinais de que esta atitude está a mudar em alguns países europeus. Um estudo de um dos autores deste livro (Giavazzi) revelou que os Alemães, que estão a ficar preocupados com a sustentabilidade do sistema de segurança social, estão dispostos a aceitar cortes no tempo de férias e a aumentar significativamente as suas horas de trabalho.

O que acontecerá aos Europeus que querem trabalhar cada vez menos, reformar-se cedo, reduzir a semana de trabalho, aumentando assim os impostos que pagam um Estado-providência dispendioso, e optar por políticas que desencorajam a inovação e impedem a produtividade? Ficarão cada vez mais pobres relativamente às sociedades mais trabalhadoras. Desde que isto fique bem compreendido... Europa, boas férias!

4

Segurança no Trabalho, Leis Laborais e 14 Milhões de Desempregados

Nos 15 Estados mais antigos da União Europeia existem actualmente 14 milhões de desempregados. Muitos economistas acreditam que as regras severas do mercado de trabalho, como os custos dos despedimentos, as regras impostas pelos sindicados sobre a mobilidade nas empresas e as restrições das horas extraordinárias reduzem a flexibilidade com que os patrões podem usar o trabalho e são umas das principais causas do desemprego europeu.

Mas os pontos em comum acabam praticamente aqui. De um lado estão os que pensam que a falta de flexibilidade do mercado de trabalho é, de longe, o problema mais importante da Europa e que é a causa da estagnação da Europa relativamente aos Estados Unidos. No outro estão os que acreditam que as regras severas do mercado de trabalho não fazem aumentar o desemprego *per se*, mas interferem com os ajustamentos macroeconómicos, permitindo assim a persistência do desemprego. O desacordo é ainda maior quanto à questão do que fazer em relação ao desemprego. Um campo acredita que as leis de protecção laboral deviam ser eliminadas, tornando o mercado do trabalho igual a qualquer outro mercado. O outro campo defende uma posição mais moderada, segundo a qual a legislação de «estilo europeu», que protege os trabalhadores dos altos e baixos do mercado, deve manter-se, mas ajustada para minimizar as distorções e acabar com os incentivos para não se trabalhar. De facto, como disse certa vez Ronald Reagan, «o melhor programa de apoio social é um emprego».

Concordamos com esta última posição. Ainda que as regulamentações do mercado de trabalho tenham muito a ver com a criação do elevado e persistente desemprego europeu, é quase politicamente impossível e economicamente incorrecto eliminar todos os tipos de protecção laboral. Numa perspectiva económica, a protecção do desemprego encoraja os indivíduos a participarem no mercado laboral e não na economia paralela, que não fornece qualquer segurança, mas não é taxada fiscalmente. Em termos políticos, é impensável que a protecção laboral possa ser simplesmente eliminada *tout court*. A questão mais imediata, portanto, é como reorganizar um sistema de leis de protecção do trabalho que não desincentivem o emprego, tanto do lado da oferta (os trabalhadores) como da procura (as empresas), que dêem segurança aos trabalhadores e não aumentem constantemente o desemprego. Como fazer isto?

Comecemos com os custos dos despedimentos. Se uma empresa sabe que não pode despedir os seus empregados não produtivos, tem de ter muito cuidado nas suas práticas de contratação. Deve contratar menos trabalhadores ou adoptar tecnologias que poupem postos de trabalho, como fizeram muitas empresas europeias nos anos 80 e 90. Obviamente, o empregado, o trabalhador que tem emprego, defenderá os custos dos despedimentos, mas todos aqueles que não têm emprego ficarão de fora por causa desses custos, já que terão dificuldade em arranjar trabalho. Lembremos que, apesar da sua retórica contra o desemprego, as políticas dos sindicatos estão viradas para as necessidades dos membros mais velhos dos sindicatos, daqueles que têm emprego.

Um custo de despedimento particularmente pernicioso é a intervenção judicial. De facto, não só a lei impõe restrições severas ao despedimento, como ainda, mesmo quando os empregadores cumprem a lei, os juízes entram em cena e decidem a favor dos trabalhadores. Em França, por exemplo, os juízes decidem normalmente contra qualquer despedimento justificado pela necessidade de aumentar a rentabilidade da empresa. Ou seja, aumentar a eficiência não é considerado uma justificação aceitável para reduzir os postos de trabalho numa empresa. Em Itália, quando se trata de proteger os empregados contra os despedimentos, o sistema judicial, conhecido pela sua lentidão, fica, de repente, muito rápido e eficiente, e muitos trabalhadores são prontamente readmitidos nos seus postos de trabalho.

O despedimento devia ser a prerrogativa de qualquer empresa. Há dois tipos de despedimentos: o despedimento temporário de trabalhadores individuais ou de pequenos grupos de trabalhadores [*lay-off*], e o encerramento de fábricas ou até de toda a empresa. Os encerramentos de fábricas recebem grande atenção por parte da comunicação social (e reacção dos sindicatos), mas como são uma fracção do movimento total laboral, são os *lay-offs* que constituem o maior contributo para o desemprego. Ambos os tipos são decisões difíceis para os empregadores europeus. São comuns as histórias de empregados faltosos e até desonestos que não podem ser despedidos – e por cada trabalhador faltoso e desonesto que não pode ser despedido, um trabalhador jovem, honesto e produtivo continua desempregado. No outro caso, as ameaças de encerramento de fábricas geram imediatamente um fluxo de subsídios e regalias dados pelo governo aos empregadores, aliciando-os para que não façam despedimentos. O resultado, obviamente, é que as empresas não produtivas são mantidas vivas, em vez de libertarem trabalhadores que podiam ser empregados em empresas ou sectores mais produtivos.

Isto não significa que os desempregados não devam ter protecções e que o mercado de trabalho deva funcionar como outro mercado qualquer. O desemprego causa perda de rendimentos das famílias, angústia e vários problemas sociais. Não há dúvida de que os desempregados devem ter protecção e que, já que é difícil ao sector privado assegurar-lhes essa protecção de forma adequada, o governo deve intervir. Os subsídios de desemprego, porém, não devem desincentivar a procura de emprego, como actualmente fazem, antes encorajá-la. Por exemplo, os subsídios deviam acabar se um desempregado recusar um emprego que lhe for oferecido ou se não fizer qualquer esforço para arranjar trabalho. O subsídio de desemprego também não devia tornar-se permanente e/ou tão generoso que fosse preferível a um emprego: devia servir apenas como um esquema de segurança contra os malefícios temporários do desemprego.

O problema, obviamente, é como financiar o apoio no desemprego. Uma opção é fazer o financiamento através das receitas gerais do Estado, e esta é a opção normalmente adoptada. Dois economistas franceses, Olivier Blanchard, do MIT, e Jean Tirole, da Universidade de Toulouse, sugeriram uma alternativa engenhosa. Propuseram uma «taxa de despedimento»: as empresas podiam despedir quem quisessem, mas teriam de pagar uma determinada taxa, e a receita destas taxas cobriria parte das despesas estatais com os subsídios de desemprego. O raciocínio é o seguinte: se a sociedade suporta os custos do desemprego, os que contribuem para este desemprego devem «interiorizar» devidamente os seus custos e pagar uma taxa. Por outras palavras, se os custos do desemprego forem suportados apenas pela sociedade, qualquer empresa pode despedir «à vontade» porque os seus empregados serão compensados sem custos para a empresa. Obviamente, a taxa de despedimento deve ser fixada a um nível que não seja proibitivo; de outro modo, voltávamos ao problema da rigidez excessiva! Este sistema eliminaria também o envolvimento ineficiente dos juízes nos processos de contratação e despedimento e acabaria com todas (ou quase todas) as regras do despedimento. Esta proposta foi submetida ao governo francês, mas enfrenta dura oposição. Um dos argumentos contra é precisamente a alegada superioridade dos juízes em determinarem quando é que uma empresa pode proceder a despedimentos, um sistema que está profundamente viciado.

A Itália, até levar a cabo algumas reformas recentes, tinha, conjuntamente com a França, um dos mercados de trabalho mais ineficientes. Era quase impossível despedir alguém por qualquer razão e, ao mesmo tempo, não havia subsídios de desemprego. Exactamente o contrário exigido para a eficiência económica! As reformas recentes no mercado de trabalho introduziram novos tipos de contratos de trabalho flexíveis, que são temporários e podem ser facilmente rescindidos. Curiosamente, na Itália, o desemprego tem vindo a diminuir nos últimos anos (de 11%, em meados dos anos 90, para 7,7% em 2005), isto apesar do lento crescimento do PIB. Boa parte do aumento da taxa de emprego deve-se a estes novos contratos: para cada posto de trabalho tradicional (ou seja, um emprego permanente regido pelas velhas regras rígidas), existem sete novos contratos temporários.

O problema desta reforma é o facto de ter criado um sistema dual de trabalhadores – os que têm contratos «normais» superprotegidos e os desprotegidos, que são agora 15% de todos os empregados. Estes são trabalhadores mais jovens, que têm dificuldade em obter contratos do primeiro tipo. Devido à natureza temporária desses contratos, porém, os empregadores não têm incentivo para dar formação ao empregado, já que isso implicaria manter o empregado e passá-lo para a categoria dos contratos inflexíveis. Trata-se de um sistema deficiente, provavelmente responsável pelo declínio da recente taxa de crescimento da produtividade laboral italiana.

Recentemente, a Alemanha introduziu também reformas laborais, impulsionadas por um nível extraordinário do desemprego. Em 2005, o número de pessoas à procura de emprego ultrapassou o milhão, o valor mais alto desde Janeiro de 1933, mesmo antes de Hitler subir ao poder. Isto significa uma taxa nacional de desemprego de 12,1%, com 20,1% à procura de emprego no Leste e 10% no Ocidente. As reformas adoptadas em 2005 tinham o objectivo de incentivar os desempregados a aceitarem postos de trabalho através da redução da generosidade dos subsídios de desemprego. O subsídio completo (65% do anterior salário líquido) durava três anos; agora está limitado a 12 meses (18 meses para quem tem mais de 55 anos de idade). Depois deste período, o desempregado passa a receber um apoio social muito menor, desde que o seu rendimento esteja acima de determinado nível. Significa que meio milhão de requerentes (dos 2,1 milhões antes das reformas) deixarão de ter direito a qualquer subsídio. Além disso, a partir de agora, os trabalhadores desempregados serão obrigados a aceitar qualquer emprego, sejam quais forem as suas expectativas e qualificações para esse posto de trabalho. É ainda demasiado cedo para saber se estas reformas serão eficientes na redução do desemprego. Mas já tiveram um primeiro efeito: o chanceler Schroeder, responsável por estas medidas, foi obrigado a deixar o governo poucos meses depois da reforma ter sido adoptada – e tinha feito uma campanha baseada no abrandamento das reformas.

Os países nórdicos, de uma maneira geral, obtiveram maior sucesso e aproximaram-se mais dos sistemas economicamente eficientes acima esboçados. Têm subsídios de desemprego generosos, mas baixos custos relativos aos despedimentos. O resultado são taxas de desemprego muito mais baixas do que no resto da Europa e taxas de empregabilidade que estão entre as mais elevadas (ver quadro 4.1).

Quadro 4.1
Índice de taxas de desemprego e de emprego, 2004

País	taxa de desemprego	empregados/população idade 15-64
Austrália	5,5	71,3
Áustria	4,8	64,7
Bélgica	7,9	56,9
Canadá	7,2	72,0
Dinamarca	5,4	76,9
Finlândia	9,0	66,9
França	9,6	62,3
Alemanha	9,5	65,7
Grécia	10,5	59,2
Irlanda	4,5	60,8
Itália	8,0	60,5
Japão	4,7	75,8
Holanda	4,6	64,8
Nova Zelândia	3,9	72,3
Noruega	4,4	75,5
Espanha	10,9	58,2
Suécia	6,4	78,0
Suíça	4,4	74,8
Reino Unido	4,7	72,5
Estados Unidos	5,5	72,8

Fonte: OECD Standardized Unemployment Rates, for Unemployment Rate, and World Development Indicators for Total Labor Force, Total Population and Population Age 15-64.
Nota: o total da população empregada obtém-se multiplicando (100 – Desemprego) x total da força de trabalho.

O melhor exemplo é o chamado modelo de flexi-segurança adoptado pela Dinamarca. Dos países europeus, a Dinamarca tem os custos de despedimento mais baixos e o sistema de subsídios de desemprego mais generoso. Os desempregados recebem do Estado 90% do seu rendimento médio das 12 semanas antes de terem perdido o emprego (com um máximo a partir de certo nível). E estes benefícios duram até 4 anos ou mais, se o trabalhador estiver próximo da reforma. Para ter direito ao subsídio, basta ter trabalhado 52 semanas nos três anos anteriores. No entanto, para continuar a receber estes benefícios generosos, os desempregados dinamarqueses têm de se inscrever em programas de formação e aceitar qualquer posto de trabalho oferecido pelos centros de emprego. Se recusarem uma oferta de emprego, perdem os benefícios. E as ofertas aparecem facilmente, uma vez que os custos de despedimento são baixos e as empresas podem dar-se ao luxo de cometer um erro. O resultado é uma taxa de desemprego de cerca de 5,4%, muito abaixo da média da Europa continental.

Poderá o modelo nórdico ser aplicado em todos os países? Isto não é óbvio. Dois economistas franceses, Yarn Algan e Pierre Cahuc, mostraram que grande parte do êxito do modelo dinamarquês se deve ao elevado grau de sinceridade nas declarações e ao conhecido ânimo dos Dinamarqueses. Quando estas características culturais não existem noutros países (especialmente nos mediterrânicos), a implementação destes sistemas pode não ser tão bem sucedida.

A questão fundamental é que o debate sobre as reformas do mercado laboral na Europa não se deve limitar a uma escolha entre a não protecção dos trabalhadores e a legislação existente, seja ela qual for. Há maneiras de combinar a protecção laboral e a eficiência económica, reduzindo a extensão dos efeitos perversos nos incentivos. Mas, se assim é, por que costuma ser tão difícil implementar este tipo de reforma laboral que aumenta a eficiência? Como sempre, e este é um tema recorrente neste livro, porque uma minoria de elementos internos privilegiados costuma ter poder suficiente para bloquear estas reformas. Neste caso, são os sindicatos, dirigidos por trabalhadores, empregados, mais velhos com postos de trabalho seguros, e, por isso, interessados na sua própria causa. Reduzir os custos de despedimento seria especialmente benéfico para os recém-chegados ao mercado de emprego e, de uma forma mais geral, para todos aqueles que não fazem parte da força de trabalho. Não favoreceria os trabalhadores mais velhos, que podiam ser despedidos mais facilmente. Por que razão os interesses destes devem prevalecer sobre os dos trabalhadores jovens, desempregados e desanimados que abandonam a força de trabalho, é um mistério. Na verdade, não é um mistério, é um sinal de quão bem sucedidos têm sido os sindicatos, e indica uma necessidade de acabar com a sua influência política.

Não há dúvida de que os sindicatos têm um papel a desempenhar numa sociedade democrática. O problema é que, muitas vezes, exorbitavam o seu dever de representar os trabalhadores junto dos patrões e abusam do sistema. Em muitos países, os sindicatos desempenham um papel político. Sentam-se à mesa dos governos e negociam directamente a política económica. Em alguns casos, mais uma vez em especial nos países nórdicos, os sindicatos ajudaram a alcançar consensos. Mas, com mais frequência, noutros países, os sindicatos bloqueiam reformas por razões que não parecem ter a ver com os interesses da sociedade. Em muitas situações, quando não se chega a um acordo, os sindicatos podem bloquear a acção política. Em 1994, na Itália, uma greve geral provocou a queda de um governo que tentava introduzir uma reforma das pensões com o acordo do sindicato.

Uma das medidas desta reforma era aumentar a idade de aposentação dos trabalhadores que tinham direito a reformar-se com todos os benefícios por volta dos 55 anos de idade. Não surpreendentemente, tratava-se do grupo de trabalhadores que constituía a maioria dos membros do sindicato. Em 2003, a França teve de suportar um mês de agitação social e greves constantes quando o governo introduziu uma reforma social relativamente menor, que retirava alguns dos privilégios de aposentação aos funcionários públicos.

Os governos europeus têm de ter a coragem de fazer frente aos sindicatos que se comportam como lóbis e que defendem grupos relativamente privilegiados de trabalhadores. Devem desmascarar a retórica que os sindicatos gostam de usar, acerca da sua alegada defesa dos não privilegiados. Quando os sindicatos têm poder de veto sobre as políticas governamentais, não se pode esperar grande avanço nas reformas.

5
Tecnologia, Investigação e Universidades

Por que devem os Europeus preocupar-se com a inovação? Não podiam eles imitar simplesmente os avanços tecnológicos dos outros países? Afinal de contas, o sucesso do Japão e da Coreia baseou-se quase inteiramente na extraordinária habilidade destes países em imitarem os Estados Unidos, e até a Europa, nos anos 60, progrediu graças, em grande parte, à adopção de tecnologias desenvolvidas no outro lado do Atlântico.

Mas, para a Europa, a imitação já não é suficiente. A imitação funciona quando um país está ainda longe da fronteira tecnológica. Como demonstra a investigação de Philippe Aghion, Daron Acemoglu e Fabrizio Zilibotti, os países que estão longe da fronteira podem seguir uma estratégia baseada na imitação, mas, quando se está mais perto da fronteira, há menos espaço para copiar e adoptar tecnologias já bem implantadas. Por isso, é importante estabelecer instituições e políticas que fomentem a inovação.

Esta observação tem implicações importantes para o debate europeu sobre a política industrial. Tal como demonstram os exemplos da Coreia e do Japão, a imitação funciona bem em grandes empresas, num sistema financeiro baseado em bancos, com relações de longo prazo, uma mudança lenta dos gestores e uma abordagem prática do governo. No Japão, o Ministério do Comércio Internacional e Indústria (MITI) desempenhou um papel fundamental na actividade industrial ao regulamentar as licenças de importação e os limites da competição, e ao encorajar o investimento dos *keiretsu*, grandes grupos de bancos e empresas industriais. No caso coreano, os grandes grupos geridos numa base familiar, os *chaebol*, foram importantes para a criação de fortes investimentos e para o rápido desenvolvimento tecnológico. Os *chaebol* receberam também forte apoio estatal, na forma de empréstimos bonificados, legislação anti-sindical e protecção da competição.

Na Europa, existem algumas analogias. Os administradores públicos franceses, formados na École National d'Administration, podem sair dos cargos governativos para ir gerir grandes empresas, num circuito muito fechado aos que estão fora do sistema. O crescimento da Itália, entre o período pós-guerra e os anos 60, deve muito ao IRI, um grupo industrial do Estado, que controlava metade das actividades industriais do país e muitos dos grandes bancos; este grupo económico produziu também uma geração de bons administradores. Isto contribuiu para o sucesso da Europa até aos anos 70. Actualmente, a Europa está mais próxima da fronteira tecnológica, onde a inovação é o factor crítico para o crescimento; mas a Europa está mal preparada para inovar. As mesmas instituições que foram responsáveis pelo sucesso dos anos 60 são agora obstáculos ao crescimento.

Até as condições para a imitação bem sucedida mudaram – supondo que a Europa quer ainda explorar a imitação. Uma maior proporção das inovações actuais é mais radical do que elementar. Adoptar estas inovações requer a capacidade de fazer grandes mudanças na forma como as empresas estão organizadas. Em certo sentido, as inovações em TIC (tecnologia de informação e comunicação) de hoje são similares à introdução do motor eléctrico na indústria têxtil no início do século passado. Os motores eléctricos já existiam desde a última década do século XIX, mas foram necessários quase 30 anos para que a nova tecnologia começasse a aumentar a produtividade. A razão principal eram as mudanças profundas na organização das fábricas exigidas pelo motor eléctrico e a resistência dos sindicatos em aceitá-las. Como discutiremos um pouco mais adiante, uma grande diferença entre as empresas americanas e as europeias é a capacidade de mudar a organização da empresa de forma suficientemente rápida para adaptá-la às novas tecnologias. Quanto mais devagar uma empresa se adapta, mais tempo será necessário para que a nova tecnologia aumente a produtividade.

Na fronteira tecnológica, os instrumentos vitais são, em primeiro lugar, universidades excelentes capazes de atraírem os melhores cérebros e, em segundo, um ambiente empresarial com muita «destruição criativa», ou seja, um ambiente em que as empresas mortas possam fechar e sejam substituídas por outras novas, já que é principalmente nas novas empresas que se desenvolve a tecnologia. A Europa está atrasada nas duas dimensões. Desenvolveremos a discussão sobre a pouca destruição criativa no próximo capítulo – trata-se, essencialmente, de falta de competição e de demasiados subsídios estatais, que mantêm vivas as empresas que deles beneficiam e dificultam a entrada de novas firmas. Vamos agora concentrar-nos no desenvolvimento da tecnologia e na capacidade de a implementar.

Os Estados Unidos têm uma vantagem clara nas empresas de alta tecnologia. A sua vantagem relativa nas indústrias de alta tecnologia (aviação, farmacêutica, computadores e equipamento de telecomunicações, instrumentos médicos e ópticos) tem aumentado nos últimos 15 anos. Na Europa, só o Reino Unido tem uma vantagem comparável nos sectores da alta tecnologia. A França e a Alemanha são especializadas em indústrias mais tradicionais (químicos, automóveis e camiões, equipamento eléctrico) e a Espanha e a Itália em sectores de baixa tecnologia (como o têxtil, agora ameaçado pela China). Em vez de competirem pelos melhores cérebros, as universidades europeias preferem proteger os elementos internos. Por isso, a Europa acaba por exportar muitos dos seus estudantes mais brilhantes para a América, enquanto que os estudantes mais brilhantes da Índia e da Europa Central e de Leste sobrevoam Paris a caminho de Boston, Chicago ou da Califórnia.

Mas não é só o facto de a Europa estar atrasada nas indústrias de alta tecnologia. Quando uma nova tecnologia fica acessível, um empresa tem de saber aplicá-la de modo a aumentar a produtividade. Ou seja, as empresas têm de ser suficientemente flexíveis para poderem adaptar os seus planos de produção e de venda. Nos Estados Unidos, as inovações tecnológicas dos anos 90 surgiram após uma década de reestruturação: as aquisições de empresas com recurso a fundos alheios [*leverage buyouts*] dos anos 80 alteraram o estilo da companhia americana. As empresas compradas com dívidas tinham de ser emagrecidas, reestruturadas, divididas em partes. Isto exigia um forte presidente executivo (CEO) e uma cultura que não tivesse outro objectivo que não o resultado final. Adaptar as empresas às novas tecnologias foi, em muitos casos, insignificante comparado com aquilo por que tinham passado nos anos 80. Por isso, as mudanças foram rápidas.

Nos anos 80, enquanto os chamados bárbaros reestruturavam as companhias americanas, as empresas europeias eram mimadas pelo Estado com subsídios e protecção da competição externa. Com ganhos elevados, havia pouca pressão nos presidentes executivos para, em compensação, assegurarem eficiência económica e a máxima produtividade. Na Europa, eram raros os presidentes executivos tirânicos capazes de transformarem a organização de uma empresa quase da noite para o dia. Na sua maioria, as empresas europeias tinham estruturas demasiado complexas para que se pudesse chegar a consensos alargados nas tomadas de decisão. No extremo, havia o caso dos conselhos supervisores nas grandes empresas alemãs, em que os representantes dos sindicatos ocupavam metade dos assentos – obviamente, tratava-se de uma estrutura administrativa pouco adequada para levar a cabo mudanças organizacionais. Na Volkswagen, por exemplo, os accionistas tinham de subornar os dirigentes sindicais do conselho de supervisão e oferecer-lhes viagens luxuosas para obterem o seu assentimento em relação a alterações às regras de trabalho. Ainda que os presidentes executivos americanos possam sucumbir à ganância, como demonstrou o caso Enron, a competição feroz entre os presidentes executivos, graças aos seus salários extraordinariamente elevados, assegura que os erros custem caro, pelo menos com a perda do emprego.

A desregulamentação foi também um factor importante para o enfraquecimento dos sindicatos americanos.

Como dissemos no capítulo 4, os sindicatos protegem os já empregados à custa dos desempregados. As manifestações de sindicatos contra o encerramento de empresas ou fábricas são ainda comuns na Europa. Na sua defesa do emprego, poucos – e certamente não os sindicatos – estão dispostos a admitir que o encerramento e a reestruturação das fábricas conduz normalmente a aumentos da taxa de empregabilidade. É verdade que surgirão novas ofertas de emprego após um período de ajustamento, mas podiam-se criar programas de apoio social para suavizar esses custos. Portanto, actualmente, a Europa não só está atrasada no desenvolvimento de novas tecnologias, como também não providencia um ambiente favorável à sua adopção.

Olhemos para as universidades. De um forma geral, com muito poucas excepções, as universidades europeias baseiam-se em quatro ideias erradas: são os contribuintes, em vez dos estudantes, bolsas e doações do sector privado, que pagam o ensino universitário; as nomeações para as faculdades são geridas por contratos do sector público; as leis e regras universitárias são centralizadas e pouco flexíveis; os salários dos professores são iguais, com o objectivo mais ou menos explícito de nivelar a qualidade do ensino e da investigação entre as universidades.

Os Europeus estão a começar a perceber que as suas universidades estão, de uma forma geral, a perder terreno. No entanto, na Europa, o debate sobre as universidades está repleto de equívocos, que conduziram a política do ensino superior numa direcção errada. De forma pouco surpreendente, os académicos europeus têm um incentivo para perpetuarem os mitos sobre a falta de recursos. O argumento habitual ouvido à volta das mesas de jantar dos académicos na Europa é que os salários são miseráveis e que não há dinheiro para a investigação. Isto não é verdade. Mesmo que o fosse, enterrar mais dinheiro sem mudar as regras universitárias arcaicas produziria mais desperdício e não mais investigação. Na Europa actual, o sistema universitário é, sobretudo, um bastião de poder e de prestígio, e de um conjunto de lóbis entrincheirados de professores universitários que se opõem à entrada de jovens académicos competentes e, assim, de competição.

Quadro 5.1
Despesas do Estado nas universidades britânicas e italianas em dólares americanos

	Reino Unido 1998-1999	Itália 1999-2000
Despesas com pessoal docente	138 977	162 532
Despesas com estudantes	9 125	6 697
Despesas com estudantes FTE*	12 435	16 854
Despesas com pessoal não docente	45 394	57 962

Fonte: R. Perotti (2002: The Italian university system: Rules vs. Incentives)
* Full-Time Equivalent (a tempo inteiro)

Como demonstra o quadro 5.1, alguns dados são esclarecedores. Estes valores são retirados do estudo de Roberto Perotti, da Universidade Bocconi, que traça uma comparação entre as universidades italianas e britânicas. A comparação é particularmente útil porque as universidades britânicas são consideradas as melhores da Europa e as italianas estão entre as piores e das que têm menos recursos. As despesas com estudantes e docentes, porém, são muito semelhantes nos dois sistemas, e até ligeiramente maiores na Itália. A distinção entre estudantes a tempo inteiro e o número total de estudantes é crucial em Itália, que, ao contrário do Reino Unido, suporta grande número de alegados estudantes que nunca vão às aulas, fazem um ou dois exames por ano e que se mantêm matriculados até perto dos 30 anos de idade. São, basicamente, os desempregados ocultos. As despesas com o corpo docente são também muito maiores na Itália do que no Reino Unido.

O quadro 5.2 mostra o número de estudantes por corpo docente e restante pessoal. Existem quase tantos estudantes a tempo inteiro por corpo docente no Reino Unido como na Itália. O facto de haver mais investigação nas universidades britânicas, portanto, não pode ser atribuído ao facto de os professores italianos estarem sobrecarregados com horas de ensino ou de número de estudantes. Por conseguinte, a investigação que sai das universidades britânicas tem custos muito menores do que na Itália.

Como mostra o quadro 5.3, na Itália, um estudo académico custa à sociedade o dobro do que custa no Reino Unido. Além disso, os professores britânicos são duas vezes mais produtivos do que os professores italianos e são citados com muito mais frequência.

Quadro 5.2
Índices de estudantes por corpo docente em 1999

	Reino Unido	Itália
Estudantes a tempo inteiro por corpo docente	11,0	11,2
Sem estudantes graduados	9,3	10,4

Fonte: Perotti (2002)

Quadro 5.3
Custo da investigação na Itália e no Reino Unido

	Reino Unido	Itália
Estudos por milhão de dólares, 1997	16,0	9,0
Citações por milhão de dólares, 1997	70,5	34
Estudos por professor, 1997	11,2	5,6
Citação por estudo, 1994-1998	4,5	3,8

Fonte: Perotti (2002)

Como é evidente, a falta de recursos não é a razão principal para as universidades europeias estarem atrasadas. Ainda assim, na Europa, as discussões acerca da investigação e das universidades começam tipicamente com um apelo a mais fundos públicos para as universidades públicas. Considere-se o exemplo da recomendação do Relatório Sapir. Este documento influente foi preparado para a Comissão Europeia por um grupo de economistas europeus e recebeu muita atenção. A equação implícita no argumento principal é: mais dinheiro cria mais investigação e melhor ensino. Não necessariamente. Muito mais importante é a reforma da estrutura de incentivos para que professores e estudantes se empenhem em boa investigação e bom ensino. (No último capítulo deste livro, regressaremos ao Relatório Sapir.)

A tendência europeia para nivelar o salário e o tratamento de professores e investigadores reduz o incentivo à excelência. Se o único factor que pode aumentar o salário de um professor é a passagem do tempo, por que deveria o professor fazer esse esforço suplementar? De facto, certas investigações são dispendiosas e os professores de topo são também dispendiosos. Mas a competição é o factor comprovado que pode redistribuir os recursos existentes e fazer com que os resultados passem da mediocridade para a excelência. Atingir a excelência significa atrair fundos privados para a investigação e significa que os estudantes e as suas famílias pagarão mais por melhor educação.

A situação universitária nos Estados Unidos é diferente. Considere-se um doutorado americano em economia que está a pensar ingressar no campo académico. À partida, enfrenta grande incerteza. O salário de um professor assistente pode chegar aos 170 000 dólares, se for contratado pela escola de gestão que melhor paga, e pode ganhar apenas 50 000 dólares se só conseguir arranjar emprego numa pequena faculdade de ciências sociais. Seja qual for o emprego que obtenha, se a sua produtividade não se alterar, com o tempo, o seu salário aumentará apenas marginalmente. No fim da sua carreira, ganhará apenas 1,5 vezes aquilo que ganhava enquanto professor assistente. Agora vejamos o caso de um académico italiano. De início, todos recebem o mesmo salário, ainda que não tão elevado. Mas assim que entra no sistema, bastando ao académico reclinar-se e esperar, no final da sua carreira o seu salário será 3,7 vezes o salário inicial. Perotti calcula que, aos 60 anos de idade, o salário de um professor italiano é – independentemente da sua produtividade – mais elevado do que o salário de 80% dos professores agregados americanos que leccionam numa universidade com um programa de pós-graduações e de 95% dos que leccionam numa universidade que não oferece cursos de pós-graduação. Cai assim por terra o argumento dos maus salários.

A diferença reside na estrutura de incentivos. Na Itália, não há incerteza à partida e, por isso, não há incentivo para trabalhar duramente. Nos Estados Unidos, pelo contrário, a incerteza à partida é grande, bem como os incentivos. Na Itália, assim que se entra, fica-se para sempre. Na altura em que escrevemos este livro houve uma tentativa para se reformar o sistema italiano. Foi proposto uma espécie de sistema de agregação, segundo o qual os investigadores (equivalentes a professores assistentes) devem ser avaliados seis anos depois de iniciarem funções. A proposta, porém, gerou a revolta dos investigadores, que exigiam segurança no emprego a partir do momento em que eram contratados.

Olhemos agora para o custo da educação ao nível das pós-graduações, que é o nosso segundo ponto. Na Europa, são os contribuintes, e não os estudantes, que pagam o ensino universitário. Este sistema, supostamente, é mais igualitário do que o sistema de ensino superior americano, que muitos europeus consideram elitista. Contudo, o sistema europeu produz menos investigação, piores estudantes (especialmente ao nível do doutoramento) e, provavelmente, não é mais igualitário do que o sistema americano. Obrigar os contribuintes a pagarem os custos do ensino universitário pode ser redistributivo, mas trata-se de uma redistribuição na direcção errada – na maioria dos casos, os beneficiários são filhos de famílias com rendimentos relativamente elevados. Para sermos generosos, o melhor que se pode dizer é que o sistema é neutral no que respeita à redistribuição, já que os mais ricos pagam mais impostos e utilizam mais serviços universitários. Há alguns anos, um dos autores deste livro realizou um seminário de uma semana em Helsínquia integrado num curso de doutoramento europeu, frequentado por estudantes de toda a Europa. Neste seminário, participava um grupo de estudantes de licenciatura da Dinamarca. O governo dinamarquês (ou seja, os contribuintes dinamarqueses) pagou a frequência dos alunos com: estadia em hotel de quatro estrelas, o equivalente a 100 dólares por dia para despesas (estávamos no início dos anos 90) e viagens aéreas em classe executiva.

Além de favorecer os «ricos» da Europa, este sistema torna praticamente impossível a sobrevivência das universidades privadas com fundos próprios, e esta pode ser ainda a razão por que as universidade públicas existem: para perpetuarem o monopólio do Estado no ensino superior. Consideremos agora o sistema americano. Os estudantes americanos pagam a sua educação e, com parte do que eles pagam, as universidades financiam bolsas para os estudantes merecedores oriundos de famílias pobres. Este sistema é pelo menos tão justo quanto o modelo europeu, e provavelmente mais justo do que o sistema em que os contribuintes pagam para todos, incluindo os ricos. De facto, estudos recentes, que comparam o ensino nos Estados Unidos e na Itália, apontam para o rendimento das famílias como mais importante para o sucesso de um estudante (avaliado em termos de ganho de poder) no sistema «igualitário» italiano do que na América «elitista». Nos debates europeus, o interessante é que as propostas para obrigar os estudantes a pagarem os seus estudos (com bolsas para os mais necessitados) são automaticamente vistas como favorecendo os ricos e rejeitadas pelos partidos tanto de direita como de esquerda. Mesmo na Grã-Bretanha, a política de Tony Blair neste sentido ia-lhe custando o cargo e, em muitos aspectos, acabou por ser uma decisão mais difícil do que o seu apoio à guerra no Iraque.

O modo como os inflexíveis europeus apoiam o quase monopólio do ensino público nos níveis de pós-graduação é indicativo de quão enraizados estão os sentimentos antimercado na Europa. Na maioria dos círculos europeus, usar as palavras «competição» e «educação» na mesma frase é considerado não só errado como também grosseiro. Nos Estados Unidos, pelo contrário, as universidades públicas e privadas coexistem e competem alegremente. A Universidade da Califórnia, em Berkeley, é pública; a Universidade Stanford, a uma hora de distância, é privada. Ambas são universidades excelentes. A competição entre elas funciona porque lutam pelos melhores investigadores e estudantes, e oferecem bolsas de estudo aos estudantes merecedores. Muito poucos Europeus adivinhariam que Berkeley é pública e Stanford privada, pois parecem semelhantes em todos os sentidos práticos: competem pelo mesmo corpo docente, oferecem salários semelhantes, cargas de ensino semelhantes e estão organizadas de forma semelhante.

Por contraste, e isto refere-se ao terceiro ponto acima citado, a centralização e o controlo burocrático nas universidades europeias produziu geralmente mediocridade. Nas universidades europeias, as nomeações são quase universalmente regidas por processos complexos, que envolvem inúmeros «juízes» escolhidos por todo o país. Este processo serve, alegadamente, para garantir que sejam nomeados os melhores. Na verdade, estes juízes tornam mais fácil que os que já lá estão nomeiem os amigos, em vez de garantirem que a qualidade da investigação e do ensino determine quem deva ser contratado. É um exemplo típico da defeituosa abordagem europeia à regulação. Se o objectivo é garantir a qualidade, então, possibilitar a competição é a melhor e mais óbvia estratégia. Em vez de aceitarem a competição, os legisladores europeus continuam a tentar melhorar as suas universidades produzindo novas regras com o intuito de corrigirem os defeitos das regras anteriores. Não é assim que as coisas mudam.

Alguns dados acerca dos efeitos da falta de competição vêm de uma análise de Roberto Perotti sobre as nomeações em Economia, que mostram que o estatuto «interno» garante quase sempre o êxito. Para compensar a vantagem de um interno, alguém vindo de fora necessitaria de ter publicado 13 estudos. Trata-se de um número elevadíssimo; na última fase do concurso, o número médio de publicações em revistas dos candidatos era sete. Alguns países, como França, estão a alterar os seus sistemas, convidando académicos de outros países para fazerem parte das comissões de nomeação e de promoção. Embora isto seja, obviamente, uma acção no sentido correcto, pode produzir poucos resultados. Nas melhores universidades americanas, os processos de contratação são internos, e só recorrem a elementos externos para terem opiniões acerca da qualidade da investigação de um candidato. Aquilo que produz boas nomeações é o perigo de os professores medíocres fazerem com que seja difícil atrair bons estudantes e grandes fundos de investigação. É a competição que garante a qualidade.

Os incentivos, repetimos, são a chave. Na Europa, os salários não são diferenciados pela produtividade. No início de uma carreira académica, os salários baixos fazem parte de um acordo implícito: em troca do baixo salário, quem for contratado entra automaticamente para os quadros. Portanto, não há necessidade de produzir investigação de qualidade. Além disso, como o salário é baixo, os administradores da universidade fecham os olhos à preguiça dos professores e à investigação medíocre, e os reitores não impedem que os seus professores percorram o país a fazer consultadorias lucrativas, que é uma grande distracção da investigação. O resultado é mau ensino, investigação deficiente e professores ausentes. E à medida que os professores ficam mais velhos, os seus salários universitários sobem e tornam-se bastante elevados. Por conseguinte, os mais velhos permanecem professores ausentes, continuam a fazer as suas consultadorias e ganham um salário muito razoável.

Por contraste, as universidades americanas utilizam regularmente incentivos financeiros agressivos e tratamento diferenciado dos professores para recompensar o bom ensino e a investigação de excelência. A natureza privada dos contratos entre uma universidade americana e os seus professores cria uma competição saudável pelo talento e um mercado flexível e eficiente para os cientistas. O resultado é o facto de, na América, não ser invulgar ver-se um professor jovem, dinâmico e produtivo ganhar mais do que os seus colegas mais velhos, mas menos produtivos.

Portanto, não surpreende que, actualmente, as universidades americanas contem nos seus quadros docentes com alguns dos melhores académicos da Europa. Face a esta fuga de cérebros, o que surpreende é o poderoso lóbi dos professores universitários europeus que bloqueia a reforma. Entre estes, existem muitos professores de economia que professam os benefícios da competição nos mercados, mas fecham estrategicamente os olhos à falta de competição no seu próprio mercado académico.

Para além das carreiras académicas, será verdade que, na Europa, não há dinheiro para a investigação? O total despendido em I&D [investigação e desenvolvimento] *é* menor na Europa do que nos Estados Unidos, mas a diferença não é enorme. Nos anos 90, os Estados Unidos consagraram anualmente à I&D 2,8% do PIB, comparados com os 2,3% na Alemanha, 2% no Reino Unido e 1,9% em França. Os governos europeus, tipicamente, queixam-se da falta de recursos fiscais para suportar a I&D (um argumento muito rebuscado, dada a minúscula parcela afecta à investigação nos enormes orçamentos europeus).

Outro mito é que as empresas inovadoras devem ser alimentadas e subsidiadas se quiserem sobreviver (ver o capítulo 7). Sempre que a Comissão Europeia o permite, os governos europeus subsidiam as empresas inovadoras, ou as que eles pensam que vão investir mais em I&D. Esta estratégia, porém, não deverá impulsionar o sector europeu de alta tecnologia, porque a fraqueza da I&D não é – pelo menos essencialmente – um problema de financiamento. A Europa está atrás dos Estados Unidos em todas as esferas: no número de patentes, no número de laureados com o Nobel e no número de investigadores que consegue atrair do resto do mundo. Se contarmos os laureados com o Nobel pelo país em que levaram a cabo grande parte da sua investigação, e considerando apenas os laureados na área da ciência (medicina, química e física) de 1945 a 2003, os Estados Unidos têm 193 laureados, o Reino Unido 44, a Alemanha 23, a Suíça 18, a França e a Suécia têm 10 cada um, a antiga União Soviética 9 e o Japão 7. A supremacia do sistema anglo-americano é evidente. Os dados sobre as patentes realçam a vantagem da América: no final dos anos 90, 56% de todas as patentes globais na área da alta tecnologia foram atribuídas a requerentes norte-americanos, enquanto que apenas 11% foram para requerentes europeus. A relação entre a I&D e o crescimento é demasiado óbvia para se duvidar que as apáticas economias europeias sejam um resultado directo da falta de inovação europeia.

O financiamento é apenas parte do problema. Um euro despendido em investigação na Europa é menos produtivo do que um dólar gasto nos Estados Unidos, por duas razões: incentivos e procura de tecnologia. Já falámos dos incentivos a respeito dos académicos. Mas de onde vem a procura da ciência é também um factor importante para se determinarem os incentivos correctos. A procura de tecnologia ajuda a centrar a investigação, estabelece prazos, filtra os resultados e permite que as patentes sejam avaliadas em preços de mercado. Sem os incentivos providenciados por aqueles que fazem as encomendas, a investigação corre o risco de andar à deriva sem direcção. É verdade que isto não acontece em todas as áreas: o estudo de antigos códices gregos é válido mesmo quando não tem qualquer procura. Mas tem sido importante em certos campos teóricos e aplicados que fomentaram o desenvolvimento de tecnologias na física, biologia, química e engenharia.

Os gastos na defesa constituem um factor importante na procura de investigação. A maioria dos avanços tecnológicos no período pós-guerra – desde os *microchips* até à Internet e às novas baterias dos telemóveis (desenvolvidas para o exército americano no Iraque) – teve, pelo menos inicialmente, uma aplicação militar. Os telemóveis, a vigilância por satélite e as câmaras de alta resolução não foram invenções baratas, mas, felizmente para as indústrias que as utilizam, os seus custos de desenvolvimento foram parcialmente suportados pelo governo dos Estados Unidos.

A superioridade dos Estados Unidos na investigação deve-se, em grande parte, à dimensão e à composição da despesa na defesa. O orçamento do Pentágono não é apenas grande: representa mais de metade de *toda* a despesa do governo americano em investigação e desenvolvimento. Em comparação, os orçamentos europeus da defesa são muito pequenos e estão divididos. A incapacidade de a Europa criar um orçamento da defesa unificado, até muito recentemente, é uma das grandes razões para estar atrás dos Estados Unidos em I&D. Em 2001, porém, houve um primeiro sinal positivo. Em resposta a uma disputa entre a Europa e os Estados Unidos para a escolha de um avião militar de transporte – a ser usado para transportar os novos 60 000 efectivos da Força Europeia de Reacção Rápida –, chegou-se a um entendimento. Enquanto os Estados Unidos tentavam convencer a Europa a optar por uma aeronave construída pela Boeing e pela Lockheed Martin, as indústrias aeroespaciais da NATO europeia associaram-se numa parceria para lançar o Airbus Military A-400 M. O contrato assinado, em Maio de 2003, entre a Airbus Military e a OCCAR (Organisation Conjointe de Coopération en Matière d'Armement) para a construção de um total de 180 aeronaves, incluía representantes da Bélgica, França, Alemanha, Luxemburgo, Espanha, Turquia e Reino Unido. O primeiro voo do A-400 M realizar-se-á em 2008, e o primeiro avião será entregue em 2009.

Em suma, na Europa, as discussões sobre a investigação e sobre as universidades começam (e acabam) quase sempre com um apelo a mais fundos públicos. Isto está errado. Muito mais importante é a reforma da estrutura de incentivos nas universidades europeias e no sector privado para o desenvolvimento de novas tecnologias. Além disso, na contratação de professores e investigadores, a maneira de assegurar este progresso é a existência de mais competição e não de mais fundos públicos.

6

Competição, Inovação e o Mito dos Campeões Nacionais[*]

Na Europa, as empresas subsidiadas têm grandes rendas económicas. Raramente fecham, e as empresas que pretendam entrar no sistema enfrentam fortes obstáculos. Ou seja, há muitas empresas ineficientes que não saem do mercado e criam-se muito poucas novas empresas eficientes para as substituírem. O resultado é a inexistência de inovação e de «destruição criativa», através da qual o desaparecimento natural das empresas menos eficientes deixa espaço para as mais eficientes.

Em vez de encorajarem a destruição criativa, os governos europeus dão subsídios estatais às empresas privilegiadas, na falsa crença de que os subsídios estatais às empresas fomentam a inovação. De facto, uma das primeiras medidas económicas da nova chanceler alemã, Angela Merkel, foi gastar 25 milhões de euros em subsídios a empresas e em investimento em infra-estruturas, na esperança de estimular a inovação e o crescimento.

---

[*] Algumas das ideias deste capítulo têm origem em O. Blanchard e F. Giavazzi, 2003, «Macroeconomic effects of regulation and deregulation in goods and labor markets», *Quarterly Journal of Economics*, Agosto.

Olhemos para a IBM dos anos 70. Foi a ameaça criada pelo sucesso da Apple que convenceu a IBM a acelerar a introdução do computador pessoal. Como a Apple estava a entrar no mercado e o governo americano não subsidiava a IBM, o PC da IBM começou a ser produzido poucos anos depois.

Há três boas razões para a falta de destruição criativa na Europa. As *regulamentações*, que geram grandes rendas económicas ao dificultarem a entrada de empresas mais eficientes no mercado; os *subsídios do governo às empresas beneficiadas*; e a *debilidade das autoridades para a concorrência*. Em suma, falta de concorrência.

Comecemos com um exemplo pequeno mas revelador de como a regulação distorce os incentivos. Os taxistas são relativamente bem pagos em muitas cidades europeias, onde uma viagem de táxi custa muito mais do que em Nova Iorque. O facto de a gasolina ser mais barata nos Estados Unidos (porque os impostos sobre os combustíveis são mais baixos) é uma pequena parte do problema. A verdadeira razão é o facto de o número de alvarás ser estritamente controlado. Ainda que isto suceda também na maioria das cidades norte-americanas, os taxistas de muitas cidades europeias conseguiram obter regulamentos mais restritivos, que proíbem a operação de carros não licenciados e serviços de carrinhas (por exemplo, um motorista que tenha um alvará não pode, normalmente, contratar um segundo motorista, por isso, o carro passa metade do tempo parado). Com a entrada no mercado bloqueada, os detentores de alvarás sofrem pouca pressão para baixarem as tarifas, e as autoridades que atribuem os alvarás estão em boa posição de receber votos ou subornos. Em resumo, a regulação estimula aquilo a que os economistas chamam comportamento de procura de rendas económicas: o taxista e o funcionário que atribui os alvarás recolhem prémios não merecidos (rendas económicas) apenas porque podem explorar a sua posição no interior do sistema, não porque sejam mais produtivos.

O planeamento municipal é outro exemplo da regulamentação. Na Europa, o plano director municipal impede a criação de grandes centros de distribuição. Na distribuição alimentar, as grandes superfícies representam apenas 20% de todas as lojas na Itália e 25% na Alemanha, em oposição aos 60% na Grã-Bretanha. (Esta é uma área em que a França, com uma quota de 53% das grandes superfícies comerciais, está mais próxima da Grã-Bretanha do que a Alemanha e a Itália.) Ao afirmarem proteger o ambiente e a tradição das cidades europeias, estas regulamentações estão, na verdade, a proteger os ricos às custas dos pobres e permitem que os pequenos comerciantes mantenham rendas económicas elevadas. Embora a protecção da tradição e da beleza arquitectónica das cidades europeias seja um bom objectivo por muitas razões (incluindo o turismo), a Europa não precisa que 70% do comércio esteja nas mãos dos pequenos comerciantes para atingir aquele objectivo. Mas, evidentemente, os comerciantes querem que as pessoas acreditem nisso!

Além disso, os pequenos comerciantes parecem ser os favoritos dos políticos europeus e, apesar dos seus elevados preços comparados com os dos supermercados, conseguiram gerar muita simpatia por parte do público. Em muitos sítios, os horários de abertura das lojas são estritamente regulados, de modo a evitarem outra margem de concorrência. Mesmo onde estas regulamentações foram eliminadas, os horários sobrevivem, talvez por hábito, mas mais provavelmente por conluio dos comerciantes.

Tente ir às compras às duas horas da tarde na maioria das cidades europeias fora dos grandes centros turísticos: descobrirá que todas as lojas estão fechados para almoço. Quem quiser aproveitar a pausa do almoço para fazer compras, não tem sorte. Precisa de ir ao banco no sábado de manhã? Esqueça. Os bancos estão fechados aos sábados e nos dias de semana estão abertos apenas até às três ou quatro horas da tarde. Precisa de comprar um jornal em Milão, num domingo à tarde? Todos os quiosques de jornais estão fechados, e os editores dos jornais não pensam em colocar pequenas caixas de metal nas esquinas das ruas para as pessoas comprarem o jornal sempre que lhes apeteça. O lóbi dos quiosques de jornais pode protestar. Se for um idoso e ficar doente num fim-de-semana, o único sítio onde pode comprar uma aspirina é na farmácia, mas, mais uma vez, só algumas farmácias estão abertas aos fins-de-semana. Portanto, acabará por ter de pagar a duas pessoas: ao farmacêutico e ao taxista que o levará à farmácia.

Passemos ao exemplo da renda económica extraída pelo notário público. Tente comprar um automóvel usado num país europeu. Na maioria dos países europeus, se pensa que está safo depois de sobreviver ao vendedor de carros usados, está enganado. A próxima coisa que tem de fazer é passar horas numa fila e pagar à única pessoa autorizada a fazer esta transacção, um notário público. Na Europa, os notários públicos são tão prolixos quanto os advogados nos Estados Unidos, mas há uma diferença subtil. Nos Estados Unidos, uma pessoa pode comprar uma casa ao irmão e, se confiar nele, correr o risco e fazer a transacção sem um advogado – mas não na Europa. Aqui, é obrigatório passar por um notário público. Além disso, a entrada no negócio dos notários é restrita, por isso, existem poucos notários e estes podem cobrar preços elevados.

Os subsídios são outra forma subtil de os governos reduzirem a competição. Em 2004, o governo francês tentou salvar a Alstom da falência. Esta operação foi concebida pelo autoproclamado «liberal» Sarkozy. A Alstom é um grande grupo empresarial que desenvolveu com grande sucesso vários produtos de alta tecnologia, incluindo o TGV, o comboio francês de alta velocidade, mas estava em risco de falir depois de ter perdido 3500 milhões de euros entre 2001 e 2004. As perdas deviam-se, sobretudo, a instalações industriais desactualizadas (estaleiros navais e sistemas de centrais eléctricas) situadas no Norte de França, politicamente impossíveis de encerrar. A solução lógica era dividir a empresa: vender o lucrativo TGV e fechar as instalações não lucrativas. O dinheiro dos contribuintes franceses podia ser mais bem gasto em benefícios temporários para os trabalhadores demitidos do que em subsídios para manter vivas as instalações industriais não produtivas. Mas não foi isto que sucedeu: toda a empresa foi mantida viva com subsídios públicos. Em Abril de 2006, o Estado entregou a sua quota da Alstom a (surpresa!) um grupo francês, ao Bouygues. O custo para a França não foi apenas a ineficiência associada ao facto de se manterem em actividade instalações que deviam ter sido encerradas; o custo adicional é que se torna difícil saber se as instalações lucrativas são realmente lucrativas, ou se dão lucro apenas por causa dos subsídios que recebem. A existência de subsídios gera confusão na percepção do mercado e dificulta a entrada no mercado de concorrentes potencialmente lucrativos.

O quadro 6.1 traça uma lista das tentativas francesas de criar empresas campeãs nacionais em tecnologia.

Quadro 6.1
Subsídios estatais aos «campeões nacionais», 1960-1990

Nome do programa	Data de início	Área de I&D	Nome da empresa	Subsídio do governo
Concorde	1962	Equipamento electrónico aeronáutico	Aérospatiale	3900 milhões de euros, 1970-1990
Plan Calcul	1966	Computadores	UNIDATA e Bull	8000 milhões de euros
Nucléaire civil	1968	Nuclear	CEA, EDF	–
Airbus	1969	Aeroespacial	Aérospatiale e Airbus	3000 milhões de euros no início
Spatial	1973	Foguetão Ariane	Aérospatiale e Air Liquide	–
Réacteurs	1973	Motores para a Airbus	CFMSG	–
Train à Grande Vitesse (TGV)	1974	Comboios de alta velocidade	Alstrom	2100 milhões para a primeira linha TGV
Minitel	1978	Telefones	France Telecom	1200 milhões para a PTT
Plan composants	1989	Microchips	Thomson, que se tornou ST Microelectronics	–

Fonte: dados de um relatório preparado para o governo francês por J.-L. Beffa (2005: *Pour une nouvelle politique industrielle*, Paris).

As ajudas eram atribuídas não só na forma dos subsídios directos do governo apresentados no quadro, mas também através de contratos e programas estatais concebidos para afastarem a competição de empresas não francesas. Os dados do quadro, mas não os programas, referem-se até 1990. A EDF, o monopólio francês de electricidade, explorou recentemente a sua posição privilegiada em França (devido à vantagem que adquiriu com a instalação de reactores nucleares há três décadas atrás) para comprar centrais eléctricas em toda a Europa, entre elas a London Electricity e a Edison, o segundo maior produtor da Itália.

Quem fica com as rendas económicas quando não há concorrência? As rendas são geralmente distribuídas por quatro entidades: o dono da empresa, a administração, os trabalhadores e, por vezes, os políticos ou os administradores públicos que detêm o poder de atribuir licenças. Pouco surpreendentemente, as quatro entidades conluem-se para proteger a sua parte das rendas contra a concorrência. Nas indústrias do gás e da electricidade, por exemplo, os sindicatos são os maiores opositores à abertura das indústrias à concorrência.

Os custos impostos pela falta de concorrência vão para além da ineficiência criada no mercado de produtos. Por exemplo, provocam uma distorção nos incentivos aos empresários, levando-os a voltar-se para áreas de negócio protegidas e que geram grandes e fáceis rendas económicas, e a abandonar projectos mais arriscados. Veja-se o caso da Benetton, a famosa empresa têxtil italiana. Há alguns anos, a Benetton era uma empresa inovadora, que conquistara o mercado mundial com uma boa ideia empresarial: todas as camisolas produzidas eram cinzentas e só eram tingidas com cor depois de haver encomendas das lojas. No final de uma estação, as empresas tradicionais tinham de descartar metade da sua produção, mas a Benetton podia ter uma camisola em *stock* durante vários anos. Depois, o governo italiano decidiu privatizar as auto-estradas. Para seduzir os investidores, ofereceu um acordo apelativo segundo o qual as portagens seriam relativamente altas. A inteligente família Benetton sentiu o cheiro do dinheiro e mudou-se rapidamente dos têxteis para a exploração das auto-estradas. Abandonar os têxteis foi a decisão correcta para uma empresa baseada num país industrial. Mas estes astutos empresários, em vez de usarem as suas capacidades para desenvolver uma nova ideia empresarial, usam-nas agora para influenciar os políticos e para se assegurarem de que as portagens permaneçam altas.

A questão fundamental é que a ausência de concorrência produz muito pouca destruição das empresas ineficientes e cria muito poucas empresas novas. Os peritos em inovação descobriram que os subsídios, em vez de acelerarem, reduzem o ritmo da inovação. O crescimento da produtividade vem da destruição do velho e da criação do novo. Subsidiar a investigação e o desenvolvimento de empresas beneficiadas não produz inovação, mas apenas rendas económicas. Veja-se o caso da Fiat. Durante um período de 50 anos, o governo italiano gastou fortunas a subsidiar o seu departamento de I&D. Mas, em vez de usar o dinheiro para inovar, a Fiat resolveu diversificar. Comprou companhias de seguros e empresas de energia, que são actividades muito protegidas. Entretanto, os concorrentes concentravam-se na melhoria da qualidade dos seus automóveis. Então, um dia, os administradores da Fiat abriram os olhos e viram que tinham perdido a sua quota de mercado e que estavam à beira da falência.

Competição, Inovação e o Mito | 123

Recentemente, a Comissão Europeia publicou um documento acerca da noção errada de que a ajuda estatal é a forma de promover a inovação. «A investigação e a inovação, de uma forma geral, desenvolvem-se melhor em mercados abertos e competitivos. No entanto, as falhas do mercado podem dificultar o acesso a níveis óptimos de investigação e inovação. A ajuda estatal pode colmatar as falhas do mercado e mudar os incentivos aos participantes no mercado, facilitando assim a investigação e a inovação. Embora as regras existentes já providenciem vastas possibilidades para que os Estados-Membros apoiem a investigação e a inovação através da ajuda estatal, a Comissão anunciou que irá rever as suas regras de modo a que estas reflictam melhor a as prioridades políticas comunitárias e a necessidade de um sistema que fomente mais a investigação e a inovação.» Além disso, Gunter Verheugen, o comissário da Indústria e vice-presidente da Comissão Barroso, foi lesto a acrescentar que, no caso dos «campeões europeus», as regras da concorrência e da ajuda estatal devem ser aplicadas com cautela. Portanto, os governos estão a ser encorajados a intervir, promovendo grandiosos projectos de política industrial.

Dando seguimento a uma sugestão de uma comissão presidida por Jean Louis Beffa, o presidente executivo da Saint Gobain, a França criou uma Agence pour l'Innovation, cujo objectivo, graças a uma ajuda estatal de 6000 milhões de euros, é apoiar os «projectos industriais do futuro». Dentro do dirigismo tradicional da administração francesa, esta agência tem por missão seleccionar empresas beneficiadas e atribuir-lhes a tarefa de desenvolverem novos projectos em áreas identificadas pelos burocratas que dirigirão a Agence. Esta estratégia está destinada ao fracasso. Basta lembrar a experiência de há 20 anos, quando Paris decidiu transformar o Crédit Lyonnais, um banco francês, na maior instituição financeira do mundo fora do Japão. O plano falhou e o banco teve de ser salvo, com o contribuinte a pagar uma factura de vários pontos percentuais do PIB francês. A tentativa de criar um computador campeão francês através do apoio à Bull está ainda em curso, e ainda ninguém somou as facturas – a última, no Verão de 2004, foi de 500 milhões de euros.

Neste ponto, os Europeus, e os Franceses em particular, apontam para o sucesso da Airbus e para os comboios rápidos franceses, o TGV. A empresa Airbus tem sido claramente um sucesso e conquistou uma quota de mercado maior do que a Boeing. Mas que factura pagaram os contribuintes europeus desde que a empresa foi criada, há 40 anos? Ninguém sabe bem. O que sabemos é que o recente projecto da Airbus de construir o Superjumbo A380 custará 12 000 milhões de euros. É pouco provável que o subsídio do governo a este projecto tenha alguma vez retorno. A um preço de 200 milhões de euros por avião, e pressupondo um valor de 15% para os custos variáveis, a Airbus terá de vender 360 aviões para pagar o subsídio (partindo do princípio de que não pagará juros) – um objectivo pouco provável, considerando que, em 35 anos, a Boeing vendeu apenas 1400 aviões do modelo 747. Seria necessário um aumento tremendo do número de passageiros, o que não será impossível se mais de mil milhões de Chineses e Indianos ficarem suficientemente ricos. Mas o importante é que a Airbus é um exemplo único. A aeronáutica é a única indústria em que as economias de escala são tão grandes que a Europa e os Estados Unidos só podem, cada qual, suportar um construtor. Quando isto sucede, os governos não resistem ao perverso incentivo de subsidiar a produção – já que o governo norte-americano também subsidia a Boeing – de modo a afectarem o resultado do jogo competitivo e a desviarem as rendas económicas a favor da empresa doméstica. A indústria aeronáutica, repetimos, é um exemplo único.

Lembremos a nossa discussão sobre a tecnologia e a inovação, no capítulo 5, onde comparámos os modelos de imitação e de inovação de crescimento e explicámos por que a imitação foi um bom modelo para a Europa nos anos 60 e 70, mas que já não funciona. Os comboios e os aviões de passageiros são tecnologias relativamente estabelecidas. Em certo sentido, são os últimos exemplos daquilo em que os Europeus eram bons nos anos 60 e 70 – adaptar e aperfeiçoar as tecnologias desenvolvidas noutros sítios, particularmente nos Estados Unidos. Tal como a Toyota, que adaptou a tecnologia americana e se tornou no maior e mais bem sucedido produtor automóvel do mundo, a Airbus começou por copiar a Boeing e a McDonnell Douglas e acabou por ultrapassar estas duas companhias. Mais uma vez, trata-se de um caso de imitação excelente, e não de inovação. Seria interessante saber quanta da tecnologia electrónica e do *software* usados num Airbus (provavelmente, os componentes mais inovadores de um avião) são europeus, e qual é a parte comprada aos Estados Unidos.

A ineficiência gerada pela falta de competição nos mercados de produtos e serviços pode passar para o mercado de trabalho. Quando uma empresa tem grandes rendas económicas, os sindicatos têm o incentivo para lutar mais e ganhar uma fracção dessas rendas. Como mostra a figura 6.1, há uma forte correlação positiva em muitos países entre a dimensão da concorrência no mercado de produtos e o alcance da legislação que protege os trabalhadores, aumentando-lhes assim o poder de negociação com as empresas. A negociação salarial é, sobretudo, a distribuição das rendas económicas entre a empresa e os seus trabalhadores. Numa indústria competitiva, onde não há rendas económicas, há pouco a ganhar na negociação salarial e, por isso, menos incentivo às exigências sindicais.

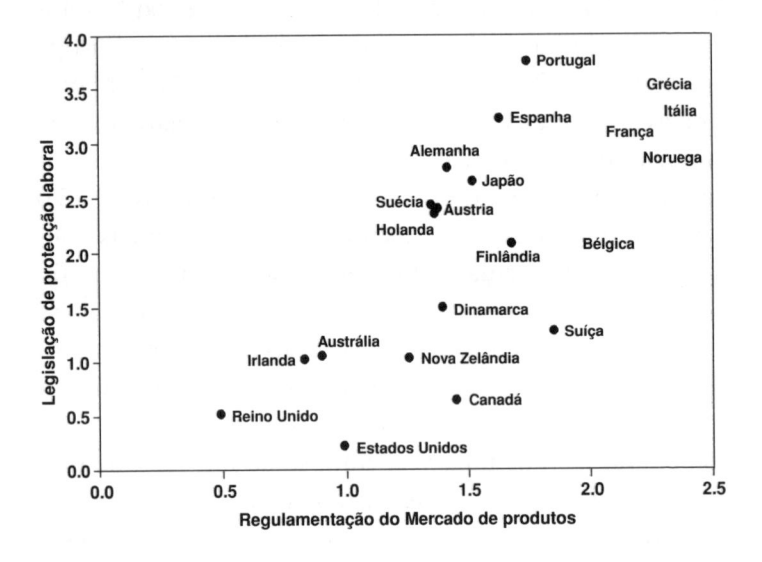

Figura 6.1
Regulação do mercado de produtos e legislação de protecção laboral.
Fonte: G. Nicoletti, S. Scarpetta e O. Boylaud (1999: Summary indicators of product market regulation with an extension to employment protection legislation. OECD Economics Department, Working paper 226).

A lição é que, para além da forma directa que analisámos no capítulo 4, há outra maneira mais subtil de introduzir flexibilidade nos mercados de trabalho europeus. O modo de liberalizar o mercado de trabalho pode ser começar com o mercado de produtos e eliminar as rendas económicas. Consideremos a indústria ferroviária, que, na maioria dos países europeus, é comandada pelos sindicatos. A ausência de concorrência produz grandes rendas económicas, que são totalmente apropriadas pelos trabalhadores. As rendas económicas não se traduzem inteiramente em salários altos. Grande parte vem na forma de redução de horas de trabalho, um ambiente de trabalho relaxado e outras regalias. Não é viável atacar estes sindicatos. Podem parar os comboios e a maioria dos governos desistirá quando confrontada com a revolta dos cidadãos. Uma alternativa é permitir que empresas privadas explorem as mesmas linhas. Ainda que o sindicato das empresas existentes não fique contente, pode ser possível construir uma coligação a favor desta política; os passageiros, que têm mais opções, e os empregados, que têm novos postos de trabalho nas novas empresas.

Em suma, a ausência de concorrência nos mercados de bens e serviços agrava o problema da falta de flexibilidade do mercado de trabalho, e as duas questões estão mais interligadas do que normalmente se reconhece. As reformas dos mercados de produtos e dos mercados de trabalho teriam, então, as sinergias necessárias, tanto em termos económicos como políticos. Um pacote de reformas do mercado de produtos e do mercado de trabalho poderia ser mais fácil de aprovar, em termos políticos, que duas partes separadas.

7
Os Grupos de Interesses Contra a Liberalização

Precisamente porque os políticos europeus pensam poder resolver a maioria dos problemas da indústria, a Europa não tem forte tradição de agências reguladoras independentes. Os reguladores independentes suficientemente fortes para resistirem à pressão do governo e imporem pesadas sanções ao comportamento anticoncorrência, são instituições desconhecidas para a maioria dos governos europeus. De facto, na maioria dos países, a responsabilidade da política da concorrência está ainda nas mãos de departamentos governamentais e sujeita às instruções dos políticos. O resultado é o desenvolvimento de monopólios e de outras formas de protecção.

Alguns políticos protegem os monopólios porque são «capturados» pelas empresas que eles deviam regular. A teoria da captura regulatória, explicada nos anos 70 por George Stigler, da Universidade de Chicago, que lhe permitiu ganhar o prémio Nobel em 1997, afirma que os reguladores públicos acabam muitas vezes por se identificar com as empresas que supostamente deviam regular, por isso, perdem de vista o apoio social geral dos cidadãos que servem. Isto pode acontecer devido a subornos directos ou através de meios mais subtis, como promessas de emprego na indústria, ou simplesmente pela persuasão dos reguladores pelos regulados. Além disso, quando os monopólios naturais são pertença do Estado, como costuma acontecer com a electricidade, o gás e os caminhos-de-ferro, proteger as rendas económicas significa proteger os postos de trabalho dos funcionários públicos. As companhias de petróleo e gás do Estado, por exemplo, geram também grandes receitas ao tesouro público, e tributar os cidadãos com elevadas facturas de electricidade é politicamente menos penoso do que tributá-los com impostos sobre os rendimentos. Isto porque, enquanto um imposto sobre o rendimento é um pagamento directo ao Estado, os contribuintes/consumidores não costumam ter consciência de que estão a ser tributados através de facturas elevadas de electricidade e acreditam, simplesmente, que está a ficar mais caro iluminarem as suas casas. Não admira que a Europa não tenha uma cultura séria de antimonopólio. Como discutiremos mais adiante, Bruxelas mudou este estado de coisas, mas não sem criar outros problemas.

 Por que razão é tão difícil implementar as políticas necessárias para tornar competitivos os mercados da Europa? Embora todos os consumidores afirmem beneficiar com mercados competitivos de produtos e serviços, a vasta coligação exigida para apoiar políticas pró-concorrência nunca se materializa. O apoio político que podia dar início à mudança simplesmente não existe, o que é surpreendente, já que abundam os exemplos dos benefícios da desregulamentação. Na Irlanda, o sector dos táxis está desregulamentado e as tarifas são baratas. Pouco tempo depois de as companhias aéreas americanas terem sido desregulamentadas – mas as companhias europeias continuam regulamentadas –, o voo de cinco horas entre Nova Iorque e Los Angeles custava muito menos do que a viagem de meia-hora de Zurique a Frankfurt. Encontram-se discrepâncias similares nos preços de uma chamada telefónica costa a costa nos Estados Unidos e de uma chamada de longa distância em França.

Enquanto que a regulamentação cria ganhos imerecidos para as minorias superprotegidas (taxistas, notários, pilotos da aviação comercial e trabalhadores de empresas de telecomunicações ou de electricidade), a desregulamentação reduz essas rendas económicas e redistribui-as ao público geral. Como as minorias superprotegidas gozam de acesso privilegiado aos políticos, não admira que a desregulamentação gere tão forte oposição. As companhias aéreas de baixo custo são a grande vitória dos consumidores europeus. Surpreendentemente, esta é uma área em que a Europa parece ir à frente dos Estados Unidos. Mas, não surpreendentemente, como já dissemos, a principal companhia aérea europeia de baixo custo, a Ryanair, sofreu ataques governamentais. Sob pressão das dispendiosas companhias aéreas estatais, a Comissão Europeia esteve recentemente perto de provocar a ruína da companhia.

Haverá maneira de enfraquecer a oposição da indústria? E se um governo, em vez de combater uma indústria de cada vez, provocasse um Big Bang económico e liberalizasse todos os mercados ao mesmo tempo? Há exemplos destas estratégias do Bing Bang bem sucedidas? Aqui está uma. Nos anos 80, o Pentágono adoptou uma estratégia de tudo ou nada para encerrar bases militares pouco utilizadas. Desde 1945 que não se encerrava uma única base. Embora, no passado, o Pentágono já tivesse desejado fechar muitas bases e aplicar o dinheiro noutros lados, nenhuma medida chegara a ser aprovada pelo Congresso norte-americano, pois as bases militares são consideradas «*pork*» – programas estatais localizados que constituem «brindes» para os constituintes que ajudam os membros do Congresso a serem reeleitos. Os membros do Congresso raramente votam contra o *pork* dos distritos dos colegas. No entanto, no clima de emagrecimento do governo dos anos 80, o plano de encerrar várias bases foi aprovado por uma maioria esmagadora. Quando a maioria do Congresso concordou em apresentar uma lista das bases a encerrar, essa lista só podia ser aprovada ou rejeitada, sem qualquer possibilidade de emendas. Por conseguinte, o bom senso triunfou sobre o *pork*.

Os cidadãos da Europa podiam beneficiar de estratégias similares. No caso da electricidade, os ganhos dos consumidores provocados por preços mais baixos em toda a economia compensá-los-ia pela perda de receitas nas suas próprias empresas. Um Big Bang geral podia tornar a desregulamentação politicamente mais fácil de implementar. A oposição dos interesses com capital investido podia ser diminuída desregulamentando toda a economia, e não escolhendo uma indústria de cada vez. A chave para eliminar os subsídios ineficientes e não produtivos às minorias é adoptar a redução de impostos para todos.

A Europa tentou lidar com o problema da concorrência passando a responsabilidade da política industrial dos políticos nacionais para Bruxelas. Isto teve algum sucesso, por três razões. Em primeiro lugar, a concorrência é uma das duas áreas em que as instituições europeias têm poderes executivos – a outra é a política monetária, da responsabilidade do Banco Central Europeu. As decisões adoptadas pela Comissão têm aplicação imediata e, ao contrário de todas as outras decisões, não requerem a aprovação dos governos nacionais. Em segundo lugar, é mais difícil «capturar» ou subornar a Comissão Europeia do que um político local. Por último, Bruxelas tem utilizado a abordagem do Big Bang.

Eis algumas histórias de sucesso. Até meados dos anos 90, a Itália manteve uma grande e ineficiente indústria estatal de aço. O poder dos sindicatos impedia que o governo encerrasse a indústria, que era mantida viva graças a um fluxo contínuo de subsídios. Quando Bruxelas ilegalizou estes subsídios, a indústria foi privatizada e o sector abriu-se à concorrência. Mas por que razão a Itália aceitou a disciplina imposta por Bruxelas? A resposta formal é o facto de os subsídios serem proibidos pelos tratados europeus. A verdadeira resposta é que Bruxelas estava a acabar com os subsídios em toda a União Europeia. Os bancos alemães, que gozavam de uma garantia estatal nos seus balanços, foram também obrigados a desistir dos subsídios. Se ficassem entregues a si mesmos, o governo italiano continuaria a controlar as empresas de aço e os bancos regionais alemães continuariam a gozar do privilégio de uma garantia estatal. Bruxelas conseguiu vencer ambas as batalhas travando as duas ao mesmo tempo. Deste modo, criou dois aliados naturais, a indústria alemã de aço e os bancos italianos.

A França decidiu uma abertura moderada do seu mercado interno de electricidade no dia anterior ao início de um processo formal contra Paris no Tribunal Europeu de Justiça, por infracção de uma directiva comunitária. Por que era o Tribunal de Justiça uma ameaça credível? Essencialmente, porque outras empresas francesas percebiam o custo de desafiar a autoridade do Tribunal. Os bancos franceses perceberam que um Tribunal enfraquecido podia ser incapaz de resistir à pressão do governo alemão e acabasse por decidir a favor do pedido alemão para que fosse revogada a proibição das garantias estatais aos bancos. Assim, os bancos franceses tornaram-se num aliado importante – e invulgar – de Bruxelas. Impondo-se em todos os países e fazendo com que os grupos de interesse se virem uns contra os outros, a Comissão consegue ultrapassar muitos impasses. Isto seria muito mais difícil de conseguir a nível nacional.

A política de concorrência e a implementação de regras que proíbem a ajuda estatal são, sem dúvida, a área em que a União Europeia tem tido mais sucesso. Particularmente desde 1999, durante o comissariado de Mario Monti, Bruxelas tem mostrado mais actividade, especialmente no ataque aos cartéis (ver quadro 7.1). Mas, precisamente por Bruxelas ter feito tantos progressos, os governos estão a contra-atacar. Como já observámos, Gunter Verheugen, o novo comissário para a Indústria e vice-presidente da Comissão Barroso, nunca deixa de repetir que, no caso dos «campeões europeus», a ajuda estatal e as regras antimonopolistas devem ser aplicadas com cautela.

Quadro 7.1
Total de decisões e multas de cartéis

	Multas a cartéis (milhões de euros)	N.º de decisões sobre cartéis
1988-1991	60	4
1992-1995	393	11
1996-1999	552	8
2000-2003	3320	26

Fonte: Competition Policy International 1:1 (2005), p. 69.

Mas, mesmo com a política europeia da concorrência, Bruxelas, por vezes, não resiste à tentação de regulamentar demasiado e de ser excessivamente zelosa. Em vez de se limitar a promover a concorrência e a lutar contra os subsídios, às vezes exagera. Um exemplo claro foi a regulamentação contra a Ryanair, em Fevereiro de 2004.

A Ryanair introduziu tarifas baixas num mercado de viagens europeu que, não há muito tempo, era proibitivamente caro, e foi um factor de aumento de concorrência na indústria das companhias aéreas, obrigando as outras companhias a baixarem os preços. Bruxelas multou a Ryanair por esta ter feito um acordo com o aeroporto Charleroi, na Bélgica. De facto, Charleroi não passava de um pequeno aeroporto com um tráfego de menos de 200 000 passageiros por ano. A Ryanair propôs um negócio tentador: o aeroporto desistia das suas taxas de aterragem e, em troca, a Ryanair transportaria para Charleroi dois milhões de passageiros por ano. O negócio foi concretizado e quase toda a gente ficou contente: os passageiros podiam viajar de forma barata, as receitas do aeroporto aumentaram, bem como o número de lojas, com o aumento da quantidade de passageiros, e a comunidade local ganhava postos de trabalho no aeroporto. Os descontentes, obviamente, eram as grandes companhias aéreas que cobravam dez vezes mais do que a Ryanair e que estavam a perder dinheiro. No entanto, como Charleroi é pertença do Estado, aos olhos da Comissão Europeia abdicar das taxas de aterragem representava uma ajuda estatal à Ryanair. (Neste caso, o pressuposto era que as receitas perdidas seriam a expensas dos contribuintes belgas.) Então, a Comissão intimou a Ryanair a pagar a maioria das taxas perdoadas e, depois, anunciou que iria rever os termos das operações da companhia aérea nos outros aeroportos europeus. Tratou-se de um grande revés para a Ryanair, uma grande prenda para as companhias aéreas estatais como a Alitalia e a Air France, e um brinde inesperado para os políticos que estavam à espera de uma oportunidade para impedir que Bruxelas interferisse nas empresas que eles queriam proteger. Bruxelas vetou o negócio da Ryanair; desde então, o governo italiano tem auxiliado a Alitalia para adiar a falência da companhia aérea, em dificuldade.

Obviamente, sem o escrutínio público da ajuda estatal, o Estado podia mostrar favoritismo. Ou, por outras palavras, como se distinguem os casos? A nossa resposta é que, na política governamental, deve estar implícita a presunção de que é proibida a ajuda estatal a qualquer indústria ou empresa específica. Este princípio simples devia orientar as decisões de Bruxelas e só em casos especiais devia haver excepções. A Ryanair podia ter sido um destes casos excepcionais. Bruxelas podia ter resolvido o problema da ajuda estatal propondo a privatização do aeroporto. Uma vez privatizado, o aeroporto Charleroi podia assinar qualquer acordo com a Ryanair ou com qualquer outra companhia aérea. Mas, aqui, deparamo-nos com um problema: os tratados europeus protegem a concorrência, mas são neutros relativamente às empresas estatais. A União Europeia não pode obrigar um Estado-membro a privatizar; pode apenas obrigar a que uma empresa estatal seja gerida como uma empresa privada.

Outra história de excesso de zelo e de procura de rendas económicas dúbias são os casos de fusão. Nos últimos anos, o Tribunal Europeu de Justiça (ao qual entidades privadas podem recorrer das decisões da Comissão) anulou várias decisões da Comissão relacionadas com vetos a fusões empresariais.

As decisões do Tribunal contra Bruxelas foram contundentes na sua crítica à apreciação dos factos por parte da Comissão. No caso da fusão Schneider/Legrand Steel, são citados «vários erros óbvios, omissões e contradições na avaliação económica da Comissão», bem como «irregularidade processual, que constitui uma infracção aos direitos de defesa». Semelhantes críticas devastadoras foram feitas acerca das reintegrações da Tetra Laval e das fusões Airtours/First Choice.

Ainda que as regulamentações sobre a ajuda estatal e as fusões privadas sejam assuntos distintos, a perda da reputação de Bruxelas num campo de batalha pode também minar a sua posição no campo de batalha da ajuda estatal. Não é altura para a Comissão perder batalhas. A França, como já dissemos, foi autorizada a retomar as velhas políticas de ajuda a empresas privadas não lucrativas à beira do colapso com dinheiro dos contribuintes. Se quiser vencer estas batalhas, a Comissão tem de ter um cadastro limpo.

Após os reveses, a Comissão reviu os seus procedimentos relativamente à análise das fusões. Foi criado um gabinete independente, dirigido por um economista de fora, para avaliar cada caso. Separado da burocracia de Bruxelas, este gabinete poderá reduzir significativamente os riscos de a Comissão ser apanhada em falso pelo Tribunal de Justiça. O novo comissário, Neelie Froes, anunciou uma mudança na política da concorrência, uma nova forma de pensar, que, na verdade, começou no final do período de Monti, para lidar com as derrotas em tribunal relativas às decisões sobre as fusões e medidas antimonopolistas. «O objectivo fundamental é proteger o consumidor. Aprecio a concorrência vigorosa das grandes empresas, e não me interessa que os concorrentes sofram, desde que o derradeiro beneficiário seja o consumidor», afirmou Kroes. Uma inovação importante, em contraste com o período de Monti, é que as grandes empresas acusadas de abusarem da sua posição no mercado podem escapar ao castigo se demonstrarem que o seu comportamento agressivo beneficiou os consumidores ao produzir melhorias no mercado, por exemplo, com produtos de maior qualidade ou preços mais baixos, independentemente dos efeitos nos seus concorrentes. Estas mudanças alinharam as políticas antimonopolistas comunitárias com as dos Estados Unidos, onde algo de similar ocorreu com as fusões propostas da General Electric-Honeywell e da Microsoft – a primeira foi uma fusão aprovada pelo Departamento de Justiça dos EUA, mas vetada pela Comissão Europeia. Recentemente, o Tribunal Europeu de Justiça aprovou a decisão da Comissão.

Uma fraqueza reveladora da abordagem europeia à luta contra os cartéis é a incapacidade de impor sanções criminais contra o comportamento monopolista. Há alguns anos, um procurador-geral norte-americano contou o que lhe disse um alto funcionário: «Enquanto falarem apenas de dinheiro, a minha empresa pode tomar conta de mim, mas assim que começarem a falar de me retirar a liberdade, a minha empresa nada poderá fazer por mim.» Nos Estados Unidos e no Canadá, os indivíduos envolvidos em cartéis podem ser acusados e presos. Na Europa, as sanções criminais por comportamento monopolista só são permitidas em alguns países – Áustria, França, Alemanha e Reino Unido –, mas, mesmo neste grupo de países, os cartéis são geralmente processados civilmente e não criminalmente.

Por último, há a questão do papel da Comissão como acusador e juiz. No caso das fusões, a Comissão pode abrir um processo contra uma fusão anunciada e decidir sobre o caso. As partes envolvidas podem recorrer ao Tribunal Europeu de Justiça, mas isto leva tempo e uma anulação da decisão da Comissão produz, normalmente, apenas uma vitória moral de uma das partes. Para a fusão, o tempo pode esgotar-se, como no caso da Airtours//First Choice. A separação da responsabilidade entre acusador e juiz é uma garantia constitucional fundamental para os casos privados de litígio. Uma possibilidade seria a separação total da política de concorrência da Comissão, pela criação de uma autoridade Antimonopolista Europeia. Uma solução alternativa seria criar um painel administrativo que faria recomendações públicas para toda a Comissão sobre decisões relativas às fusões. Isto separaria a equipa interna de investigadores e acusadores dos juízes e autoridades decisórias. Os comissários poderiam rejeitar a recomendação do painel, mas não sem uma boa razão.

8
O Sistema Judicial e o Custo de Fazer Negócios

Para funcionar bem, uma economia de mercado precisa de duas coisas no domínio do direito: em primeiro lugar, um sistema judicial que facilite as transacções de contratos e que proteja as partes envolvidas; em segundo, um ambiente regulatório que atinja os objectivos desejados (garantir a segurança, proteger os consumidores e evitar factores externos negativos) sem criar custos desnecessários para a abertura e funcionamento dos negócios. A Itália tem o sistema judicial mais ineficiente da Europa, e a França não lhe fica muito atrás.

Um ingrediente fundamental para o funcionamento dos mercados (incluindo os mercados financeiros) é força de aplicação dos contratos, que constitui a confiança que as partes depositam na aplicação rápida das regras da lei. Sem um mecanismo de aplicação da lei, um contrato não tem qualquer valor. Os países em desenvolvimento estão atrasados na aplicação da lei e na força de aplicação dos contratos, e isto representa um forte obstáculo para se anular o atraso em relação aos países industrializados. Ente os países da OCDE há grandes diferenças no modo de funcionamento dos sistemas judiciais e na sua eficiên-

Quadro 8.1
Eficiência do sistema judicial

Países	Despejo de um inquilino		Cobrança de um cheque	
	Duração total (dias) do processo judicial	Duração da aplicação em dias, desde o fim do julgamento até que o proprietário retoma posse da propriedade	Duração total (dias) do processo judicial	Duração da aplicação em dias, desde o fim do julgamento até que o proprietário retoma posse da propriedade
Estados Unidos	49	10	54	14
Canadá	43	17	421	150
Grã-Bretanha	115	28	101	14
Irlanda	121	50	130	60
França	226	135	181	90
Itália	630	180	645	230
Portugal	330	30		
Grécia	247	180	315	90
Holanda	52	28	39	15
Espanha	183	68	147	29
Bélgica	120	57	120	100
Alemanha	331	111	154	64
Áustria	547	180	434	150
Suíça	266	70	224	90
Japão	363	10	60	10
Dinamarca	225	25	83	28
Suécia	160	19	190	19
Finlândia	120	35	240	60

Fonte: S. Djankov, R. La Porta, F. De Silanes e A. Shleifer (2003: Courts. *Quarterly Journal of Economic*, May).

cia a respeito da aplicação dos contratos. Andrei Shleifer, da Universidade de Harvard, e os seus colaboradores forneceram-nos dados muito interessantes relativos à rapidez com que os sistemas judiciais de várias partes do mundo obrigam à aplicação de certos contratos.

Os contratos financeiros que permitem a alienação do risco são particularmente importantes para uma economia de mercado. Os dados do quadro 8.1 referem-se a dois processos típicos: cobrança de um cheque sem cobertura e despejo de um inquilino que recusa pagar a renda. Curiosamente, nos Estados Unidos, demora sete semanas para cobrar um cheque ou para despejar um inquilino: cinco semanas para ter uma decisão do tribunal e duas semanas para executar a sentença. Em Itália, pelo contrário, é necessário mais de um ano para se conseguir uma decisão do tribunal e quase outro ano para se executar a sentença. A França está ligeiramente melhor: três meses para uma decisão do tribunal e outros três meses para a execução da sentença. Na Holanda, porém, os períodos de tempo estão próximos dos Estados Unidos e na Suécia não são tão bons, mas, mesmo assim, melhores do que em França e na Itália. Um sistema legal que funciona bem é uma das razões por que, nos últimos anos, os países nórdicos conseguiram manter um crescimento sustentado apesar dos impostos elevados.

Os efeitos de um sistema judicial ineficiente são agravados por uma profissão legal que permanece fechada e pouco competitiva. O quadro 8.2 mostra as despesas legais exigidas para a redacção de um contrato de hipoteca na forma de fracção do valor da casa a ser hipotecada. Na Itália, as despesas legais podem chegar aos 20% da hipoteca.

Quadro 8.2
Custo dos serviços legais

País	Despesas legais como percentagem da hipoteca
Estados Unidos	
Dinamarca	3-4
Grã-Bretanha	4,75
Alemanha	6
Irlanda	10
Portugal	10-20
França	12-18
Holanda	11
Espanha	5-15
Bélgica	16-23
Grécia	16
Itália	18-20

Fonte: M. Bianco, T. Jappelli e M. Pagano (2005: Courts and banks: Effects of Judicial costs on credit market performance. *Journal of Money Credit and Banking*, Abril).

Na Alemanha, como são necessários muitos anos para que um banco tome posse de uma casa depois de um cliente ter deixado de pagar o empréstimo, os bancos exigem prestações altas. O resultado, como mostra o quadro 8.3, é que menos de 10% dos Alemães com menos 30 anos de idade são proprietários das suas casas, em oposição aos 52% no Reino Unido.

As consequências económicas do mau funcionamento dos mercados imobiliários podem ser significativas, em especial para a mobilidade da população face à flexibilidade do mercado laboral e para o crescimento da população face às decisões de fertilidade.

Quadro 8.3
Empréstimos à habitação e posse de casa própria

	Posse de casa própria por escalão etário			Índice de prestações
	<30	30-39	todas	
Austrália	30	65	65	23
Áustria	21	49	50	33
Bélgica	29	62	67	27
Canadá	32	65	64	23
Finlândia	43	76	78	18
França	17	49	56	20
Alemanha	9,4	29	36	30
Itália	33	48	62	45
Luxemburgo	38	55	68	40
Holanda	26	56	46	25
Espanha	43	66	73	27
Suécia	28	60	58	13
Reino Unido	52	71	66	12
Estados Unidos	28	58	63	17

Fonte: Chiuri e Jappelli (2003: Financial market imperfections and home ownership: A comparative study. *European Economic Review*, Outubro).
Nota: o índice de prestações é a média entre 1970 e 1995.

A consequência crítica do mau funcionamento dos tribunais é a restrição do campo de acção do mercado de trocas. Quando alguém não sabe se deve ou não confiar na outra parte e não pode confiar nos tribunais, tem relutância em fazer uma transacção. Do mesmo modo, quando uma empresa não tem garantias de que o pagamento de uma entrega a outra empresa possa ser imposto, pode suspender a entrega dos bens até receber o dinheiro, criando atrasos e ineficiência nas transacções económicas. As empresas podem também fazer transacções com um número limitado de outras empresas, o que restringe o alcance da diversificação nos mercados.

Outros custos podem ter consequências indirectas e mais extensas se os processos contra as infracções à lei forem lentos: aqueles cujos padrões morais não são elevados, ao saberem que os tribunais demoram eternamente para resolver um processo, podem facilmente desrespeitar os contratos. O custo para a sociedade é que as pessoas confiarão menos umas nas outras, criando mais obstáculos ao mercado de trocas. O comércio, então, restringe-se aos indivíduos que se conhecem e, no limite, desaparece a impessoalidade das transacções no mercado.

Em Itália, os legisladores tentaram compensar a lenta aplicação da lei impondo sanções pesadas por certos crimes. No entanto, esta medida não funcionou bem, porque as sanções são aplicadas de forma irregular e, em muitos casos, a sanção extremamente alta (tempo de prisão) é para um crime relativamente pequeno (passar um cheque sem cobertura). Ao que parece, a justificação é que, como vimos atrás, cobrar um cheque sem cobertura é um processo muito demorado. Sabendo que, no fim, pode-se pagar o cheque para evitar a prisão, um atraso de dois anos pode significar muito para um infractor sem dinheiro, mas isto não é maneira de uma empresa gerir transacções comerciais.

Qual a origem das diferenças na ineficiência dos tribunais? Devemos pôr de lado imediatamente a típica reacção extemporânea: os países europeus em que os sistemas legais funcionam melhor são aqueles que mais dinheiro público gastam na justiça. Isto não é verdade. Os dados mostram que a variação da despesa pública como fracção do PIB não está relacionada com a eficiência do sistema de justiça, tal como é avaliado por indicadores como os do quadro 8.1. Portanto, de onde vem a diferença?

Uma interpretação interessante é avançada por Andrei Shleifer e Edward Glaeser, da Universidade de Harvard. Detectaram uma correlação entre o sistema legal de um país e os países conquistados por Napoleão cujos sistemas legais foram criados pelo estadista francês. Estes países tendem a ter processos legais muito formalizados com limitada autonomia dos juízes. Shleifer e Glaeser sugerem que a transformação dos tribunais foi um resultado da desconfiança de Napoleão e do seu grupo de revolucionários relativamente aos juízes franceses. Para limitar a discrição dos juízes, adoptaram-se processos elaborados. Isto criou o código cível, que é a base da lei praticada na Europa continental. Na Grã-Bretanha e nos Estados Unidos, em contraste, deu-se confiança aos juízes e isto permitiu que exercessem a discrição: o sistema judicial menos elaborado baseia-se na lei consuetudinária. Com o tempo, porém, os processos judiciais mais formais mostraram ser mais ineficientes. Em vez de proporcionarem mais protecção aos queixosos, possibilitam que os juízes e os burocratas justifiquem as suas ineficiências recorrendo ao processo formal.

A ineficiência de um sistema legal faz com que seja muito difícil levar burocratas corruptos a tribunal. Como resultado, entre indivíduos, empresas, administração pública e reguladores existe falta de confiança nos processos formais morosos. Como não há confiança na honestidade dos funcionários públicos nem no mecanismo de aplicação das decisões judiciais, criam-se regulamentos cada vez mais estritos e formais, com efeitos gerais desastrosos. A corrupção não diminui e geram-se custos desnecessários para a actividade empresarial. É mais ou menos um círculo vicioso: quanto mais complexas são as regulamentações, mais difícil é aplicá-las e mais fácil é contorná-las. No Sul de Itália há um ditado que diz *Fatta la legge trovato l'inganno*, que significa «assim que se aprova uma lei, encontra-se uma brecha». Mais cinicamente, sugere-se que as regulamentações complexas criam incentivos para que os burocratas corruptos possam extorquir dinheiro aos indivíduos de modo a deixá-los contornar as regras. Pode ser por isso que os reguladores favorecem regras complexas: facilitam a corrupção.

No caso da eficiência judicial, há uma grande variação dentro da OCDE relativa aos custos da actividade empresarial. Os dados coligidos, mais uma vez por Shleifer e seus colaboradores, são apresentados no quadro 8.4. Mostram os custos em termos de tempo, bem como os gastos necessários para abrir uma empresa em diferentes países. Na Itália, obter as licenças necessárias para abrir uma empresa leva, em média, 62 dias de trabalho e requer a entrega de 16 documentos diferentes, com um custo total de cerca de 5000 dólares. Em França, são necessários 53 dias, 15 documentos e cerca de 4000 dólares. Na Alemanha, 42 dias, 10 documentos e 4000 dólares. Nos Estados Unidos, exigem-se 4 documentos, leva 4 dias a processá-los e custa 166 dólares. Mais uma vez, os países nórdicos, com o nível mais baixo de corrupção, estão bem colocados neste domínio. Na Suécia, por exemplo, são necessários 6 dias e 664 dólares; na Dinamarca, 3 dias e quase 3000 dólares. Recentemente, um realizador de cinema italiano fez um filme hilariante sobre a experiência tortuosa de um jovem empresário a lidar com a burocracia local, na tentativa de abrir uma discoteca numa pequena cidade italiana.

Quadro 8.4
Tempo e custos para abrir um negócio

País	Número de processos exigidos para abrir um negócio	Tempo necessário para concluir os processos (dias)	Custo dos processos exigidos
Estados Unidos	4	4	166,5
Canadá	2	2	396,2
Grã-Bretanha	5	4	381,4
Irlanda	3	16	3503,7
Finlândia	5	24	296,8
França	15	53	3693,0
Itália	16	62	5012,1
Portugal	12	76	3370,0
Grécia	15	36	10 218,7
Holanda	8	31	5303,2
Espanha	11	82	3731,8
Bélgica	8	33	2736,7
Alemanha	10	45	3998,0
Áustria	9	41	7851,4
Suíça	7	16	5223,6
Japão	11	26	3042,9
Dinamarca	3	3	2857,3
Suécia	6	13	664,0

Fonte: Djankov, La Porta, de Silanes e Shleifer (2003).
Nota: a última coluna é calculada pelos autores multiplicando o valor fornecido por Djankov *et al.* do custo em termos do rendimento *per capita* pelo rendimento *per capita* em dólares para cada país em 2004.

Pouco surpreendentemente, há muito poucas novas empresas criadas em países como a Itália e a França relativamente aos Estados Unidos. Do mesmo modo, os custos excessivos e as regulamentações criam incentivos para se subornar os inspectores e violar a lei, ou para recorrer às ligações familiares. As grandes distorções são inevitáveis, já que as empresas criadas não são as mais eficientes, mas sim as mais bem relacionadas.

Em suma, as economias de mercado dependem de dois bens públicos fundamentais: um sistema de justiça que funcione bem e uma boa regulação das empresas. Facultar estes dois bens públicos, juntamente com um terceiro – lei e ordem – constitui o papel mais importante de um governo. Ao contrário de outros tipos de serviços, é difícil para qualquer instituição que não o governo providenciar estes três bens. Por exemplo, o ensino privado é possível, mas a justiça privada, como o arbítrio de terceiros, não pode substituir facilmente todo um sistema legal. Os governos europeus que estão atrasados no fornecimento destes bens públicos precisam de se concentrar neles, em vez de em grandes investimentos em comboios mais rápidos, aeroportos maiores, centros de congressos maiores e pontes mais espectaculares, já para não falar nos subsídios aos campeões nacionais.

9

Conflitos de Interesses nos Mercados Financeiros

A bolha do mercado bolsista do final dos anos 90 enganou muitos investidores. Muitas pessoas foram encorajadas a pensar que as acções manteriam taxas de rendimento de 20% anos a fio. A bolha enganou também os conselhos de administração, levando alguns presidentes executivos a pensarem que podiam safar-se com contratos opacos e derivados, transferindo dinheiro das empresas para os seus bolsos. Nos dois lados do Atlântico, surgiram histórias de horror sobre investidores enganados: a Enron, a Tyco e a WorldCom nos Estados Unidos; a Parmalat na Itália; a Royal Ahold na Holanda. Na Alemanha, onde os conselhos de supervisão das empresas são uma mistura especial de representantes dos accionistas e sindicatos que partilham a responsabilidade da gestão da empresa, ocorreram todo o tipo de práticas inapropriadas (mais informações, mais à frente, sobre estas instituições peculiares). Na base de alguns destes escândalos estavam conflitos de interesses, encorajados por práticas inapropriadas das empresas financeiras e dos seus supervisores. Isto sucedeu em toda a Europa e nos Estados Unidos, nomeadamente na Bolsa de Nova Iorque [New York Stock Exchange].

O que foi diferente nos dois lados do Atlântico foi a resposta aos escândalos. O Congresso norte-americano agiu rapidamente para emendar a lei empresarial e a New York Stock Exchange (NYSE) destituiu o seu presidente, Richard Grasso, e mudou as suas regras de governação. Na Europa, os conflitos de interesses, tanto nos grandes bancos multinacionais como entre os bancos e os seus reguladores, e por vezes no seio das mesmas instituições reguladoras, mantiveram-se inalterados – bem como os riscos dos investidores. Estes conflitos e os seus custos são o tema deste capítulo. Mais uma vez, é útil começar pelos Estados Unidos.

Existe uma ligação óbvia entre os escândalos da Enron, da Tyco e da WorldCom e aquilo que foi revelado acerca do modo como a NYSE costumava funcionar quando o seu presidente foi engolido pelo escândalo sobre o enorme valor da indemnização recebida. Todo o fiasco por parte do conselho de administração da NYSE remonta ao modo como os conselhos são frequentemente compostos por amigos e associados do presidente, que não deverão fazer perguntas complicadas ou ser minuciosos quanto se trata de decidir quanto deve receber o presidente executivo. A NYSE é o regulador do mercado de acções, mas os membros do seu conselho estavam a ser afastados do próprio mercado que regulavam, provocando sérios conflitos de interesses. Com o passar dos anos, os directores de algumas das maiores empresas de corretagem de Nova Iorque, que são reguladas pela bolsa, acabaram por dominar o conselho. Quando o presidente do conselho exigiu uma indemnização de 139,5 milhões de dólares em pagamentos diferidos e benefícios de reforma, eles aceitaram, dando a impressão de que Grasso, um dos seus, estava a par dos abusos de privilégios. Para acabar com este conflito de interesses – mantendo, ao mesmo tempo, a bolsa como uma entidade auto-regulada –, o novo presidente, John Reed, agiu para aumentar a sua independência. Os membros do conselho já não podem ser corretores ou sócios de empresas cotadas na bolsa. Os corretores e as empresas cotadas estão agora limitados a um papel consultivo.

A Enron declarou falência em Fevereiro de 2002. Em Julho do mesmo ano, o Congresso norte-americano aprovou o Sarbannes-Oxley Act. Em conjunto, a nova lei e as novas regras do mercado de acções aumentaram a independência dos directores de empresa e reduziram os conflitos de interesses. A maioria dos membros das empresas cotadas tem agora de ser independente. De igual modo, as comissões de auditoria e de remuneração devem consistir inteiramente em directores independentes; os auditores da companhia não podem fornecer serviços de consultadoria à companhia. Outra provisão, e de longe a mais crítica, é o facto de os membros do conselho terem de assinar individualmente as contas da empresa. Deste modo, tornam-se responsáveis se algo correr mal. Regras semelhantes foram introduzidas no Reino Unido, com um novo código de governo empresarial [*corporate governance*].

As provisões da lei Sarbanes-Oxley estão longe de ser perfeitas e vários economistas criticaram-nas, e com razão. Questionaram se os fundadores da empresa ou os seus financeiros originais alguma vez pretenderam que tais restrições fossem implementadas nas suas companhias ou conselhos de administração. A nova lei, argumentam eles, anula os acordos voluntariamente feitos por estes investidores iniciais. Além disso, aumenta as despesas legais, desperdiça tempo do conselho e dissuade as novas empresas de serem cotadas em bolsa. Estas objecções levantam a questão de as leis aprovadas à pressa para «resolverem» um problema, como a crise da Enron, não serem muito bem pensadas. Pelo contrário, reduzem a eficiência e sobrecarregam os mesmos sectores que pretendem proteger. Esta lei pode e deve ser melhorada. Mas, pelo menos a velocidade com que o Congresso reagiu aos escândalos serviu para restaurar a confiança dos investidores, particularmente dos pequenos investidores. No entanto, os mercados capitalistas não são perfeitos e as intervenções do Estado nem sempre corrigem a má conduta e a fraude.

Foram necessários dois anos para que o Parlamento italiano reagisse aos escândalos Cirio e Parmalat, e a lei que foi finalmente aprovada tem pelo menos tantas deficiências quanto o Sarbanes-Oxley Act. Em Itália, os investimentos caíram a pique quando os investidores se convenceram de que o Parlamento italiano tomava o partido dos prevaricadores e não dos pequenos accionistas.

Os conflitos de interesses que assolam os mercados financeiros europeus têm três causas principais. A primeira, como já referimos, é a peculiar estrutura de governação das empresas alemãs. As empresas privadas alemãs (GmbHs) com mais de 500 empregados, e todas as empresas cotadas, têm dois conselhos de administração: um conselho de supervisão e um conselho de gestão. No conselho de supervisão, metade dos assentos (nas empresas grandes) ou um terço (nas empresas mais pequenas) está reservada para os representantes sindicais. As operações quotidianas são dirigidas pelo conselho de gestão (sem representantes sindicais), mas os membros deste conselho são nomeados pelo conselho de supervisão, que fixa também os seus salários e toma todas as decisões estratégicas. Esta organização peculiar não desvia simplesmente os excedentes dos accionistas para os trabalhadores, o que só por si pode resultar em menos investimento. A presença dos sindicatos no conselho de supervisão afecta as decisões estratégicas da empresa. As empresas com conselhos de supervisão são mais lentas a reestruturar-se e a ajustar-se à mudança através de cortes nos postos de trabalho ou nos salários. Isto cria obstáculos para a destruição criativa, que, como já dissemos no capítulo 5, é fundamental para o crescimento. A Comissão Europeia tentou resolver o problema permitindo que as empresas baseadas na UE se regessem pela legislação comunitária em vez de pela legislação nacional. Ao optarem por esta medida, as empresas alemãs poderiam eliminar os seus conselhos de supervisão e substituí-los por conselhos de administração normais. Até agora, porém, poucas empresas alemãs aproveitaram esta opção.

Um segundo tipo de conflito de interesses é o que existe nos bancos multinacionais. Na Europa continental, a esmagadora maioria dos fundos mútuos pertence aos bancos. As empresas independentes, como a Fidelity nos Estados Unidos, são a excepção na Europa. Um banco que gere um fundo mútuo gere também os títulos emitidos por um cliente. Tem todo o género de incentivos perversos para aumentar a procura ao integrar esses títulos nos seus próprios fundos mútuos. Se recear que uma empresa não consegue pagar um empréstimo, pode tentar convencer a empresa a emitir um título de dívida. O banco pode então colocar este título no portfólio dos seus fundos e transferir o risco para fora da suas folhas de balanço. Pode também usar o banco como corretor dos seus próprios fundos mútuos, mesmo que as suas remunerações sejam mais elevadas do que em qualquer outro lado, e, deste modo, aumentar os lucros do banco à custa dos investidores. Foi isto que se descobriu claramente após as falências da Cirio e da Parmalat, duas empresas italianas. Em ambos os casos, os bancos saíram praticamente incólumes e as perdas foram suportadas de forma desproporcionada pelos pequenos investidores. Algo parecido aconteceu com os títulos argentinos. Os bancos não detinham títulos de dívida; estes tinham sido todos colocados nos portfólios dos seus clientes. Por que iria alguém investir nestes fundos mútuos? Por que é que as famílias europeias não podem transferir todas as suas poupanças para a Fidelity? A resposta é que o mercado é dominado por um pequeno cartel de grandes bancos. Estes bancos não competem entre si e asseguram-se de que os reguladores mantenham a Fidelity à distância. O resultado é visível no quadro 9.1, que mostra as dez maiores empresas italianas e espanholas de gestão de activos. Na Itália, a gestão de activos é totalmente controlada por bancos italianos; em Espanha, só um banco estrangeiro, o Barclays, conseguiu entrar no sector bancário.

Quadro 9.1
Os dez maiores gestores de activos em Espanha e Itália, 2004

Itália	Espanha
SanPaolo	Santander
Unicredit	BBVA
Intesa	La Caixa
Assicurazioni Generali	Caja Madrid
MPS	Ahorro Corporación
Capitalia	Banco Popular
RAS	Bankinter
Arca	Banco Sabadell
Popolare Verona	Barclays
BNL	Ibercaja

Um terceiro tipo de conflito de interesses tem a ver com o mau comportamento dos reguladores. Na Europa continental, a supervisão dos bancos está normalmente sob a alçada dos bancos centrais nacionais. Quando confrontado com a falência de uma grande empresa, o banco central tem de optar por uma de duas estratégias: deixar os bancos comerciais sofrerem as perdas relativas aos seus empréstimos ou olhar para o lado enquanto os bancos – que, graças à sua relação com a empresa, sabem antecipadamente da possibilidade de falência – transferem as perdas para os pequenos investidores. O comportamento do Banco de Itália no caso da falência da Cirio é um bom exemplo desta estratégia. Nos meses que precederam a falência, um grande banco italiano colocou títulos recentemente emitidos nos portfólios dos seus clientes, usando este procedimento para cobrar os empréstimos que concedera à Cirio. O mesmo aconteceu alguns anos depois com o escândalo da Parmalat. Em nenhum dos casos houve objecções por parte do Banco de Itália.

Por que razão é que os parlamentos europeus não intervêm e alteram a lei de modo a fazerem com que seja mais difícil aos bancos enganarem os seus clientes? Mais uma vez, usamos a Itália como um caso de estudo interessante. Após os escândalos Cirio e Parmalat, o Parlamento italiano começou a discutir uma lei para proteger os investidores e transferir algumas das funções reguladoras para outras entidades que não o banco central. Imediatamente, constituiu-se um forte lóbi que bloqueou quaisquer interferências nos bancos e no banco central. A lei andou para trás e para a frente e, dois anos depois, foi aprovada uma versão mais moderada – e só depois de o ministério público ter acusado alguns banqueiros de conduta criminosa e de o próprio governador do banco central ter sido objecto de investigação judicial.

O conflito de interesses pode ter a ver com o facto de os bancos centrais nacionais da zona euro, e os seus governadores, em especial, nunca terem admitido a simples ideia de que a criação de uma união monetária e de um Banco Central Europeu iria inevitavelmente reduzir-lhes o poder. Tendo perdido a capacidade de estabelecer a política monetária, refugiaram-se na supervisão e regulação bancária, tentando, com estas actividades, justificar a sua existência e a dimensão gigantesca dos seus quadros.

Um dos problemas mais graves é a tendência contra a consolidação transnacional dos bancos europeus, um desenvolvimento importante se a zona euro quiser vir a ser uma área financeira verdadeiramente integrada. Quando um banco local é comprado por um banco de outro país da UE, a responsabilidade da supervisão deste banco é transferida para as autoridades do país comprador e o banco central local perde parte dos seus negócios. No entanto, na maioria dos países, entre eles a França, Portugal, Espanha, Holanda e Itália, o banco central é responsável pela regulação e supervisão bancária e tem, de facto, poder de veto sobre as fusões. A hostilidade dos bancos centrais é a principal razão por que a consolidação transnacional ainda não aconteceu.

Um exemplo recente que roça o ridículo ocorreu quando um grande banco holandês tentou comprar um banco italiano de média dimensão. Preocupado com a perspectiva de perder um «cliente», o governador do Banco de Itália, Antonio Fazio, pediu a um amigo, gestor de um pequeno banco provinciano no norte de Itália, que organizasse uma contra-oferta. O banco do amigo era pequeno e não particularmente sólido: até os administradores encarregados da supervisão no Banco de Itália ficaram espantados. Mas isto não deteve o governador, que autorizou a contra-oferta. A justiça italiana acabou por intervir e acusou Fazio de favorecimento pessoal e abuso de poder. A oferta italiana foi retirada e o governador foi obrigado a demitir-se – mas pelos juízes, e não por qualquer entidade reguladora financeira.

Felizmente, nem todos os bancos centrais da zona euro funcionam deste modo. Na Alemanha, após a introdução do euro, o Bundesbank fez um corte dramático nos seus quadros. Além disso, neste país, a supervisão bancária é realizada por uma entidade independente. Em 2005, quando um banco italiano adquiriu o segundo maior banco alemão, o Bundesbank não interveio.

O que é que alguns bancos centrais nacionais estão a tentar defender? Em primeiro lugar, como já dissemos, o seu poder foi comprometido pela criação do Banco Central Europeu. Depois, há a questão de se separarem dos seus ricos salários ao reduzirem os quadros. Nos vários países da Europa, a despesa *per capita* dos bancos centrais é bastante diferente. No Banque de France e no Banca d'Italia, só os custos com o pessoal são quase tão elevados quanto todo o Sistema da Reserva Federal americana (1400 milhões de dólares em França, 1200 milhões na Itália, comparados com os 1600 milhões nos Estados Unidos – uma área várias vezes maior do que França e Itália. Os dados são de 2004). O sistema do euro custa 15 dólares a cada cidadão da UE, a Reserva Federal custa 5 dólares e o Banco de Inglaterra (que não é responsável pela supervisão bancária) custa 3 dólares. Os sistemas da Nova Zelândia, da República Checa e do Canadá custam menos de 3 dólares por pessoa.

A França custa 23 dólares por pessoa, a Itália 21, a Áustria 25 e a Grécia 30 dólares, e isto depois de estes bancos centrais nacionais terem visto as suas responsabilidades na gestão da política monetária transferidas para o Banco Central Europeu.

Alguns bancos centrais podem também estar a tentar justificar os salários dos seus governadores. O governador do Banco de Itália ganha mais de 600 000 dólares anuais (o valor exacto não é revelado), que é quase três vezes aquilo que ganha o seu colega da Finlândia, duas vezes mais do que o presidente do New York Fed e mais 200 000 dólares do que o seu chefe em Frankfurt, o presidente do BCE. Alan Greenspan ganha 172 000 dólares – brutos, salário que, provavelmente, é muito mais baixo. (Os dados do quadro 9.2, os mais actualizados que pudemos encontrar, referem-se a 2003.)

Na banca, aquilo que prejudica a concorrência não é a concentração em si mesma (que permite que os bancos explorem economias de escala), mas sim as restrições à entrada de novos bancos no mercado. A abertura a novas entradas constitui a mais importante pressão competitiva. Os Estados Unidos tinham também um sector bancário antiquado, pouco competitivo e ineficiente. Mas, com o levantamento das restrições à actividade bancária interestadual, graças ao Riegle-Neal Act, de 1994, a banca transformou-se. A abertura do mercado de costa a costa permitiu que o Nationsbank (mais tarde, o Bank of America) explorasse enormes economias de escala, enquanto que, ao mesmo tempo, entrava nos mercados locais adormecidos e protegidos e os transformava para benefício dos seus consumidores.

Os bancos centrais europeus têm razão quando promovem a consolidação entre os bancos, mas estão errados quando obrigam a que o processo ocorra dentro das fronteiras dos países. Deste modo, só prejudicam os consumidores. Não admira que dois dos bancos europeus mais dinâmicos, o Santander e o Bilbao de Espanha, operem no único país europeu que, há alguns anos, abriu o seu mercado bancário.

Quadro 9.2
Salários dos governadores dos bancos centrais

Governador	Salário (em dólares)
Joseph Yam (Hong Kong)	1 120 000
Antonio Fazio (Banco de Itália)	> 600 000[a]
Malcolm Knight (BIS)	450 000
Nout Wellink (Holanda)	440 000
Jean Pierre Roth (Banco Nacional Suíço)	429 000
Wim Duisenberg (BCE)	417 000
Mervyn King (Banco de Inglaterra)	411 160
Ian Macfarlane	325 123
John Hurley (Irlanda)	315 000
Bill McDonnough (New York Fed)	315 000
Toshihiko Fukui (Banco do Japão)	276 076
Alan Bollard (Nova Zelândia)	255 672
Bodil Nyboe Andersen (Dinamarca)	253 000
Klaus Liebscher (Áustria)	247 150
Lars Heikenstein (Suécia)	241 000
Matti Vanhala (Finlândia)	233 000
Alan Greenspan (Reserva Federal)	172 000
Zdnenek Tuma (Banco Nacional Checo)	110 000

Fonte: CentralBankNet.com.
Nota: dados referentes a 2003.
[a]. Quantia exacta não revelada.

O euro levou as empresas europeias a recorrem aos mercados emitindo títulos, especialmente títulos de dívida. Mas, surpreendentemente, são os bancos americanos que ajudam as empresas europeias a emitir títulos de dívida (como vemos no quadro 9.3). Os bancos americanos foram rápidos a transferir para a Europa a experiência adquirida no mercado doméstico dos Estados Unidos. Os serviços financeiros envolvem grandes economias de escala – em pesquisa empresarial e na distribuição dos títulos por grandes investidores institucionais. Estes serviços não exigem grande presença local e, normalmente, são procurados por algumas grandes empresas com fácil acesso aos bancos internacionais. Os pequenos bancos europeus sofrem uma desvantagem comparativa: a falta de fortes relações comerciais com as empresas europeias que começaram a emitir títulos.

Quadro 9.3
Mercados financeiros procurados pelas empresas europeias como percentagem de todos os títulos de dívida emitidos na zona euro.

	1995	2000
Banco da mesma nacionalidade que a empresa emissora	80	37
Banco de outro país da zona euro	16	15
Banco americano	4	48

No entanto, no sector bancário europeu há alguns vencedores. Os poucos casos de sucesso ocorrem, na sua maioria, na Alemanha e na Holanda. Em 1997, antes da introdução do euro, havia apenas uma instituição da zona euro entre os maiores gestores de fundos europeus, a companhia de seguros francesa AXA. Actualmente, existem quatro, duas delas da Alemanha e uma da Holanda.

Com os recentes escândalos da banca europeia, ficámos a saber como os grupos de interesses poderosos e bem organizados se podem aliar para defender os seus privilégios. Em vez de arriscarem financiar novas ideias empresariais, os banqueiros levam uma vida confortável atribuindo empréstimos às empresas já existentes com boas garantias colaterais. Sempre que cometem algum erro, mesmo neste negócio simples, transferem logo as perdas para os seus consumidores. Os parlamentos deviam proteger o público, mas num ambiente excessivamente influenciado pelos interesses bancários, como é que se podem desenvolver a inovação e a produtividade?

10

Uma Europa Unida?*

Muitos políticos europeus acreditam que a resposta ao declínio europeu é a União Europeia. Uma Europa Unida conferiria força económica e política à região e criaria um equilíbrio económico e político com os Estados Unidos. Contudo, será uma união de países europeus doentes a solução? É possível que os entusiastas da União Europeia estejam demasiado optimistas acerca dos benefícios e das perspectivas realistas de uma Europa Unida. Por outro lado, os chamados eurocépticos podem querer simplesmente isolar-se das pressões reformistas que vêm de Bruxelas.

Saber se a integração europeia pode ou não alcançar o seu objectivo dependerá de como isso for feito. Por exemplo, união significa coordenação de políticas. Mas, em muitas áreas, a coordenação não é solução: demasiada coordenação, ou se for feita na direcção errada, pode, em vez de evitar, precipitar o declínio.

---

* Este capítulo baseia-se em A. Alesina e R. Perotti, 2004, «The European Union: A Politically incorrect view», *Journal of Economic Perspectives* (Outono), pp. 27-48.

O processo integral da integração europeia é difícil de explicar à maioria das pessoas. Os passos em direcção ao projecto da Europa Unida – como a introdução do euro em 1998 ou o projecto do Mercado Único em 1985 – são frequentemente seguidos por longos períodos de inactividade. Na altura da redacção deste livro (início de 2006), a rejeição da proposta da constituição europeia por parte da França e da Holanda criou um impasse especialmente crítico.

A ideia aceite na Europa é que a rejeição da proposta de constituição é um revés sério. No entanto, paradoxalmente, este desenvolvimento pode ser salutar: revelou as diferenças de opinião existentes entre os cidadãos europeus e os seus dirigentes.

Tradicionalmente, a clivagem entre os envolvidos na construção da integração europeia é atribuída aos desacordos entre os chamados intergovernamentalistas e os federalistas. Os primeiros vêem a Europa como um sistema de integração económica e de cooperação entre governos independentes; os federalistas, pelo contrário, imaginam uma espécie de Estados Unidos da Europa, uma autêntica federação política. O primeiro grupo inclui tradicionalmente a França e o Reino Unido, o segundo inclui muitos políticos alemães, alguns italianos, espanhóis e de muitos outros países mais pequenos, e especialmente os chamados eurocratas, que são os funcionários públicos que trabalham em Bruxelas para a Comissão Europeia. A tensão entre as duas perspectivas e as dificuldades intrínsecas da formação de uma união de 25 países tão diferentes levaram a um longo e tortuoso processo de criação de instituições. O funcionamento dos orgãos que governam a Europa é de tal modo complexo que muito poucos Europeus, e muito menos os Americanos, sabem exactamente quem faz o quê. Num apêndice a este capítulo, fazemos um resumo das funções das principais instituições da União Europeia.

Os compromissos entre as posições federalista e intergovernamentalista levaram à criação de uma rede complexa de instituições. Algumas destas instituições são de natureza federalista, como a Comissão, e outras são intergovernamentais, como o Conselho Europeu de Ministros (para mais pormenores, ver o apêndice). A tentativa de equilibrar as duas posições produziu uma concepção institucional pouco distinta. Em primeiro lugar, na União Europeia, não há uma clara separação de poderes. Por exemplo, a Comissão tem poder legislativo e executivo, mas estes poderes são partilhados com o Conselho e com o Parlamento europeus. Em segundo, a decisão de quem faz o quê na Europa é, em muitos casos, mais o resultado de um compromisso baseado em quem é mais forte numa reunião do que em quaisquer razões económicas ou institucionais. O resultado é que Bruxelas faz de mais em algumas áreas (agricultura, política social, coordenação e aperfeiçoamento da política fiscal) e de menos noutras (promoção de um verdadeiro mercado comum em todos os sectores).

O facto é que Bruxelas continua a envolver-se em cada vez mais áreas. O quadro 10.1 dá crédito aos argumentos dos críticos da União Europeia, segundo os quais existem demasiadas leis e regulamentações vindas de Bruxelas. Aparentemente, durante muitos anos, a filosofia subjacente em Bruxelas era que só as leis e as regulamentações podem assegurar o bom funcionamento da sociedade, apesar do evidente carácter disparatado das regulamentações. Esperamos que o presidente actual da Comissão Europeia, José Manuel Durão Barroso, um

Quadro 10.1
Legislação da UE (regulamentações, directivas e decisões) por domínio político

	1971-1975	1976-1980	1981-1985	1986-1990	1991-1995	1996-2000
Comércio internacional	864	2573	2208	3416	2783	2041
Mercado comum	133	251	184	268	305	529
Política monetária e fiscal	49	69	98	65	100	249
Educação, investigação e cultura	15	40	73	104	180	136
Ambiente	29	61	98	131	197	255
Relações empresariais, sectoriais	**1115**	**3051**	**5685**	**7281**	**7130**	**5437**
Agricultura e pescas	980	2479	5165	6880	6654	4907
Indústria e energia	109	455	408	300	309	370
Transportes	66	127	112	101	167	160
Negócios não sectoriais (concor./subs, leis empresarais)	116	137	256	358	669	1406
Relações internacionais e ajuda externa (sem comércio internacional)	155	100	162	768	426	501
Cidadãos e protecção social	96	126	263	521	700	860
Total	2612	6408	9027	12 912	12 560	11 414

Quotas (% da coluna)					
Comércio internacional	33,1	40,2	24,5	26,5	22,2	17,9
Mercado comum	5,1	3,9	2,0	2,1	2,4	4,6
Política monetária e fiscal	1,9	1,1	1,1	0,5	0,8	2,2
Educação, investigação e cultura	0,6	0,6	0,8	0,8	1,4	1,2
Ambiente	1,1	1,0	1,1	1,0	1,6	2,2
Relações empresariais, sectoriais	**42,2**	**47,6**	**63,0**	**56,4**	**56,8**	**47,6**
Agricultura e pescas	37,5	38,7	57,2	53,3	53,0	43,0
Indústria e energia	4,2	6,9	4,5	2,3	2,5	3,2
Transportes	2,5	2,0	1,2	0,8	1,3	1,4
Negócios não sectoriais (concor./subs, leis empresarais)	4,4	2,1	2,8	2,8	5,3	12,3
Relações internacionais e ajuda externa (sem comércio internacional)	5,9	1,6	1,8	5,9	3,4	4,4
Cidadãos e protecção social	3,7	2,0	2,9	4,0	6,1	7,5
Total	100,0	100,0	100,0	100,0	100,0	100,0

Fonte: A. Alesina. I. Angeloni e L. Schucknecht (2005: «What does the European Union do?», *Public Choice*).

Nota: os dados incluem todos os actos do período, incluindo os que hoje já não estão em vigor.

adepto do mercado, anule cerca de um terço das regulamentações e directivas europeias, tal como prometeu. Não há dúvida de que a Europa continuará a desenvolver-se sem as ordens de Bruxelas, e a maioria dos Europeus nem sequer dará pela diferença.

Então, o que deve ou não fazer a União Europeia? É sensato começar a pensar na atribuição de prerrogativas entre Bruxelas e os Estados-membros como contrapartidas entre economias de escala e a heterogeneidade de preferências. As actividades governativas relevantes para as economias de escala, que beneficiam pelo facto de serem grandes, podiam ser atribuídas a Bruxelas. O exemplo óbvio é o mercado único. Como os benefícios de um mercado único são maiores no mercado mais amplo, as políticas do mercado comum pertencem claramente a Bruxelas. O mesmo se pode dizer da política externa e de defesa. Algumas infra-estruturas têm também economias de escala relevantes. No entanto, a contrapartida de delegar todas estas actividades em Bruxelas é que as opções políticas nacionais vão tornar-se restritas e a soberania nacional diminui. Veja-se o caso, no extremo oposto do espectro, das políticas sobre os currículos escolares. É verdade que, nesta área, as economias de escala não são relevantes, mas a heterogeneidade de preferências nos vários países e até entre regiões do mesmo país pode ser grande. Por isso, não faz sentido uma política europeia uniforme sobre os currículos escolares.

Muitas áreas políticas situam-se entre os dois extremos das políticas do mercado comum (onde dominam as economias de escala) e dos currículos escolares (onde domina a heterogeneidade de preferências). Portanto, os Estados-membros têm de pesar os benefícios das economias de escala e os custos da uniformidade, ou seja, o custo de não permitir que todos os países sigam as suas próprias preferências. Pensemos, por exemplo, nas políticas fiscais. É necessário normalizar algumas regras fiscais para garantir o funcionamento de um mercado financeiro comum. Impor as regras britânicas de apoio social aos Suecos, que gozam de um apoio mais generoso, não faz sentido, nem é necessário ao bom funcionamento de um mercado comum. Mesmo nos Estados Unidos, as regras do apoio social variam bastante entre os estados.

A partilha de responsabilidades entre Bruxelas e os governos nacionais costuma decorrer dos princípios acima destacados. Não existe uma política externa na União Europeia. Por outro lado, Bruxelas impõe cada vez mais regras sobre políticas sociais, que, em muitos casos, violam desnecessariamente a autonomia nacional. Como mostra o quadro 10.1, na área da protecção social dos cidadãos ocorreu um grande aumento no volume dos actos legislativos da União Europeia. Actualmente, a União Europeia está envolvida numa acesa discussão com o Reino Unido para obrigar este país a adoptar regras sobre o tempo de férias que sigam o modelo da Europa continental. Como vimos no capítulo 3, os países têm hábitos sociais diferentes relativamente às horas de trabalho. Ao tentar impor uma política comum do tempo de férias, Bruxelas está a desrespeitar esta diferença.

Além da divisão entre o intergovernamentalismo e o federalismo, outra divisão mais importante acabou por dominar o debate europeu: o estilo francês de dirigismo económico e o estilo liberal britânico de mercado livre. Pouco surpreendentemente, aliada ao primeiro campo está a Alemanha, e ao segundo está a Irlanda, alguns países do Norte da Europa e alguns recém-entrados do Centro e Leste. Acerca deste ponto, o debate que, em França, levou à rejeição da constituição europeia não podia ser mais esclarecedor. Ambos os campos, o «sim» e o «não», justificaram as suas posições como uma forma de evitarem que a França adoptasse as políticas *laissez faire*, caracterizadas como «ultraliberalismo algo-saxónico» pelo presidente francês Jacques Chirac.

O «non» francês acabou com os debates exóticos sobre pormenores institucionais e trouxe à luz do dia as verdadeiras questões. Ainda que a França e o Reino Unido sejam tradicionalmente intergovernamentalistas, tornaram-se líderes dos dois lados opostos da Europa – outro indicador acerca de onde está a tensão. A abordagem *laissez faire* à Europa vê-a como uma zona de mercado comum em que a maioria, se não a totalidade, dos países adoptou uma moeda comum, mas não muito mais do que isto. A abordagem dirigista vê a Europa como uma fortaleza que, de algum modo, deve ser protegida da excessiva concorrência estrangeira por um sector público activo que promova o desenvolvimento interno.

Relativamente à questão de uma política comum de relações externas e de defesa, o Reino Unido e a França estão também em lados opostos. Se a Europa deve «equilibrar» (um eufemismo para «desafiar») os Estados Unidos, a França espera retirar a política externa europeia da alçada da NATO. A perspectiva do Reino Unido não se opõe necessariamente a uma política externa europeia, desde que considerada no contexto da NATO, e, por isso, é mais favorável a uma aliança transatlântica.

Em suma, na Europa, o grande conflito não é entre federalistas e intergovernamentalistas. A verdadeira clivagem é outra. De um lado estão os princípios dirigistas e de proteccionismo económico da França, que defendem uma política externa fora da NATO e da influência americana. Do outro, a visão da Europa como um mercado comum, enquadrada no papel tradicional da NATO e da aliança transatlântica. Na verdade, existem subtilezas, pois muitos Europeus acreditam tanto nos mercados como numa Europa federada.

No entanto, uma União Europeia baseada na visão francesa da economia não faz sentido. Contradiz a própria ideia subjacente a uma União Europeia, que era criar um grande mercado único. De facto, conseguiu-se um mercado único para o mercado de produtos, mas está longe de se constituir no mercado de serviços. Actualmente, os serviços totalizam quase dois terços do PIB dos países europeus, cujo futuro depende deste sector. As recentes posições francesas fizeram retroceder severamente as tentativas da Comissão Europeia de criar um verdadeiro mercado livre europeu no sector dos serviços. «Patriotismo económico» é uma expressão nova, mas o termo patriotismo, no domínio dos negócios, substitui o proteccionismo.

O movimento da força de trabalho, especialmente dos novos Estados-membros da Europa Central e de Leste, é uma questão sensível, como já dissemos no capítulo 2. Mas a protecção de um mercado interno contra a concorrência é um objectivo contraditório nos sindicatos, já que a mobilidade do trabalho é a base em que estes assentam. No entanto, uma das motivações por detrás da rejeição francesa da constituição europeia era o receio de um afluxo de mão-de-obra barata vinda dos novos Estados-membros.

A ideia de que a Europa pode ser aberta como um mercado interno que funciona bem, mas fechada ao comércio com o exterior da «fortaleza», é também problemática, isto por uma razão óbvia. A fortaleza Europa sofreria uma retaliação comercial. Além disso, como a Europa precisa de atrair trabalhadores migrantes, ficaria com as fronteiras abertas para os trabalhadores estrangeiros, mas com as fronteiras fechadas para os bens que os estrangeiros produzem. Esta situação seria contrária aos princípios básicos económicos.

Em certas áreas, a Europa já é proteccionista. Mais uma vez, a política agrícola é um caso exemplar. O sector agrícola absorve quase metade do orçamento comunitário, mas representa menos de 2% do PIB da União Europeia. Lembremos que quase 50% dos actos legislativos da União Europeia referem-se à agricultura. O principal beneficiário da política agrícola comunitária é a França, que recebe um subsídio de mais de 9 mil milhões de euros, ou seja, 21% do total (os números referem-se a 2004). Além de não ajudar a aliviar a pobreza nos países em desenvolvimento, esta política favorece os agricultores ricos europeus e gera conflitos no próprio seio da Europa devido à distribuição injusta dos subsídios.

Contrariamente à ideia aceite de que a política agrícola deve proteger os pequenos agricultores e, assim, ajudar a preservar a cultura das pequenas comunidades agrícolas, grandes quantias de dinheiro vão para empresas agrícolas e para pessoas com bons contactos. Alguns exemplos: o príncipe Alberto II do Mónaco recebe 300 000 euros por ano para a sua quinta em França, e a rainha Isabel de Inglaterra recebe 546 000 euros (em 2003). Na Holanda, os três maiores beneficiários dos subsídios agrícolas são as grandes companhias Phillip Morris (1,46 milhões de euros em 2003), a Royal Dutch Shell (660 000 euros) e a Van Drie, uma empresa agrícola

(745 000 euros); o mesmo padrão ocorre em Espanha. No Reino Unido, em 2004, a Nestlé recebeu 11,3 milhões de euros, a Tate & Lyle, o maior refinador de açúcar da Europa, recebeu 127 milhões. Estes são os únicos países em relação aos quais temos alguns dados. Suspeitamos que quantias similares sejam pagas em França e na Alemanha. Lá se vai assim a preocupação com os pequenos agricultores europeus! Mas, mesmo que os subsídios agrícolas chegassem aos pequenos agricultores, a questão é: por que mereceriam eles uma protecção especial?

No caso da política externa e de defesa, pensa-se numa política europeia comum exterior à NATO, que desafiará o domínio norte-americano. Esta política, porém, está destinada a não passar de uma fantasia, por várias razões. Em primeiro lugar, os países europeus não chegam a acordo quanto à direcção a seguir. O Reino Unido tem uma posição claramente diferente da do resto da Europa Ocidental, onde a divergência é ainda maior, como se revelou na crise da ex-Jugoslávia. Em 1995, no início desta crise, a Alemanha e a França estavam em campos opostos, devido às suas anteriores alianças na região. Actualmente, a maioria dos Europeus afirma querer uma política externa europeia, mas, para além de um profundo antiamericanismo, pouco mais existe a respeito de uma política externa comum. É claro que, nos Estados Unidos, também há grandes diferenças em relação à política externa e, hoje em dia, existem grandes divergências entre os Americanos a respeito da intervenção do seu país no Iraque. No entanto, os Americanos estão dispostos a deixar o presidente conduzir a política externa e, de uma forma geral, aceitam as decisões do presidente enquanto este está em funções. Os Europeus estão muito longe de tal consenso.

Em segundo lugar, os Europeus não gastam mais em defesa para alcançar a capacidade militar dos Estados Unidos. A despesa militar norte-americana é maior do que a dos 25 países da UE todos juntos. A Europa gasta cerca de 2% do PIB em defesa, e os Estados Unidos gastam 3,5%. A diferença é que, no passado, os Estados Unidos chegaram a gastar 6% do PIB e, por isso, acumularam um vasto arsenal de armas e de tecnologia militar. O exército americano é muito mais avançado do que os exércitos europeus, ao ponto de, segundo peritos militares, haver dificuldades de comunicação entre o exército americano e os exércitos europeus. Como observou recentemente o embaixador americano na NATO, Nicholas Burns, há o risco de que «sem uma acção enérgica para diminuir a diferença de capacidades, enfrentemos a perspectiva real de uma aliança bipartida». A aliança «é tão desequilibrada», disse ele, «que, no futuro, poderemos nem lutar juntos». As diferenças em tecnologia, com a possível excepção do exército britânico, são quase inultrapassáveis. Para começarem a diminuir esta distância, os Europeus teriam de fazer um investimento enorme nos gastos militares, além dos quase 50% do PIB que já gastaram comparados com os 30% nos Estados Unidos. É difícil imaginar os Europeus, já sobrecarregados de impostos, a pagarem ainda mais impostos. Um país tão rico como a Alemanha ainda não conseguiu colocar mais de um terço das tropas prometidas para a manutenção da paz em Cabul, porque tem de alugar aviões de transporte russos ou ucranianos no mercado comercial. Um país, que os oficiais da NATO se recusaram a identificar, pensou em levar tropas para Cabul de comboio. Contudo, uma aeronave europeia de transporte, o A-400 M, uma variante do Airbus europeu, está parada por causa de uma disputa de financiamento na Alemanha. Pior, o avião levará entre oito e dez anos a entregar. A Europa gasta cerca de 140 mil milhões de dólares todos os anos em defesa, mas, em média, apenas cerca de 7000 dólares por soldado, comparados com os 28 000 dólares por soldado americano gastos em investigação e desenvolvimento.

Em terceiro lugar, os Europeus têm relutância em fazer uso da força militar, mesmo quando parece não haver alternativa. Em Julho de 1995, os Holandeses enviaram forças de manutenção da paz para Srebrenica. Mas que «paz» é que eles mantiveram? Baixaram as armas e assistiram ao massacre de mais de 7000 muçulmanos. Nenhuma potência europeia bombardeou as posições sérvias. Foi preciso os Americanos planearem os bombardeamentos, que acabaram por subjugar os Sérvios. Richard Holbrooke, o enviado de Clinton à Sérvia, narra esta experiência nos Balcãs no seu livro *How to End a War*. O governo holandês temia que os ataques aéreos pusessem em perigo os seus próprios soldados na Bósnia. Os outros Europeus estavam também prontos a pôr as vidas dos seus soldados à frente do dever militar. Mesmo na fronteira da União Europeia, portanto, foram os Americanos, vindos de milhares de quilómetros de distância, que forçaram as coisas e intervieram militarmente. De facto, exactamente por os Europeus não terem gasto o suficiente em defesa, os seus soldados corriam mais riscos no terreno do que os soldados americanos. A aversão europeia ao uso da força resultou numa falta de credibilidade da intervenção militar e esta circunstância torna a pressão diplomática menos eficiente.

O facto de não existir uma política externa verdadeiramente europeia não eliminou a retórica europeia sobre essa mesma política. Entre 1994 e 1997, aquando do fracasso europeu na Jugoslávia, a União Europeia adoptou 66 posições comuns sobre praticamente todos os temas de política externa, e só em 1998 emitiu 163 declarações, o que equivale a uma a cada dois dias, incluindo feriados e fins-de-semana. Chris Patten, o comissário europeu de 1999 a 2000, comentou que «geralmente surgiam uma semana ou duas depois de já nada poderem influenciar».

Em suma, uma Europa *non-laissez faire* com mercados domésticos protegidos da globalização não faz sentido, e uma política externa comum para a Europa parece hoje muito longe de ser concretizada. A forma de o projecto europeu avançar reside, portanto, no alcance do mercado único. Mas, também aqui, Bruxelas não pode impor aos países europeus aquilo que estes não querem. Se os Franceses e os Alemães, por exemplo, não quiserem a liberalização do sector dos serviços, Bruxelas não pode obrigá-los a liberalizar. Do mesmo modo, se Bruxelas quiser uniformizar as leis do trabalho, não pode impor ao Reino Unido o tipo de legislação do mercado de trabalho da Europa continental. No passado, a Comissão Europeia conseguiu muitas vezes superar a oposição nacional e obter a aprovação das suas propostas (boas ou más). A experiência recente mostra que os interesses nacionais prevalecem facilmente sobre os interesses da União Europeia: para todos os efeitos, o Pacto de Estabilidade e Crescimento foi abandonado assim que os Franceses e os Alemães deixaram de obedecer às suas regras; a liberalização do sector dos serviços, proposta pela Comissão, foi chumbada pelo Parlamento Europeu com os votos dos membros franceses e alemães.

A construção de uma Europa unida não tem sido fácil. A União Europeia tem de abandonar cada vez mais sonhos desfeitos. Hoje em dia, o importante para a Europa é concentrar-se nas reformas da próxima década. A reforma económica pode ser facilitada se se assegurar um mercado comum e livre, eliminando-se todas as barreiras ao comércio e à competição. Além disso, cabe a cada órgão de governo da União Europeia lutar contra o dirigismo, contra a retórica oca e a confiança excessiva na coordenação das políticas imposta de cima, que é contraproducente e gera reacções contra a União, até mesmo contra as coisas boas que ela faz. No próximo capítulo retomaremos o tema desta retórica.

Apêndice: breve resumo das instituições da União Europeia[*]

O governo da União Europeia foi concebido como tendo três partes, chamadas três pilares. No cerne do primeiro pilar estão as chamadas quatro liberdades de movimento: de pessoas, bens, capitais e serviços. Estas liberdades devem ser acompanhadas por um mercado único e pela concorrência. Outros itens deste pilar são a agricultura, a concorrência, o comércio e (recentemente acrescentados) os privilégios de vistos e as políticas de asilo. O segundo pilar inclui a Política Externa e de Segurança Comum (PESC), e o terceiro pilar, Justiça e Assuntos Internos, cobre agora grande parte da cooperação policial e judicial em questões criminais.

---

[*] Este apêndice foi reproduzido, com pequenas alterações, de Alesina e Perotti (2004).

Há uma diferença fundamental entre o primeiro pilar e os outros dois: as instituições da União Europeia podem aprovar legislação que é *directamente aplicável* e tem *prioridade* sobre a lei dos membros individuais relativa a questões do primeiro pilar. Por contraste, qualquer decisão que afecte os outros dois pilares requer unanimidade e tem de ser aprovada pelos parlamentos nacionais para ser aplicável nos Estados-membros. O que se segue é uma breve descrição dos papéis principais de cada instituição da União Europeia. Utilizaremos as seguintes abreviaturas: «Conselho» para Conselho da União Europeia, «Comissão» para Comissão da União Europeia, «PE» para Parlamento Europeu, «EC» para esboço da constituição e «VMQ» para votação de maioria qualificada.

O Conselho Europeu

O Conselho Europeu, que não deve ser confundido com o Conselho da União Europeia, de que falaremos a seguir, é o fórum onde os chefes de Estado da União Europeia e o presidente da Comissão se reúnem para discutir questões gerais. Não tem um poder formal de tomada de decisão, mas é o orgão mais influente. É aqui que se estabelecem todas as principais directrizes políticas e se tomam todas as decisões sobre os temas mais importantes. O Conselho Europeu reúne-se pelo menos uma vez em cada seis meses e toma todas as decisões de forma unânime. A presidência muda de seis em seis meses entre os membros da União Europeia.

O Conselho da União Europeia

Este órgão tem autoridade executiva, que, em grande parte, delegou na Comissão, e autoridade legislativa. Todas as regulamentações e directivas (os dois mais importantes actos legislativos da UE) têm de ser aprovadas pelo Conselho, ou em conjunto com o PE ou depois da consulta deste órgão. O Conselho é composto por um representante de cada país, normalmente o ministro nacional com a pasta do assunto em discussão. Assim, ainda que seja uma única instituição, o Conselho tem várias encarnações. Uma das mais visíveis é a ECOFIN, a reunião dos ministros das Finanças para discutirem, monitorizarem e coordenarem as questões orçamentais. Num ano normal, o Conselho tem entre 80 e 90 reuniões. O Conselho decide por unanimidade nas áreas mais sensíveis (incluindo algumas das questões do primeiro pilar) e, em muitos casos, por votação de maioria qualificada. O processo da VMQ actual atribui um número determinado de votos aos países membros em função da dimensão das respectivas populações, mas equilibrado de modo a favorecer os países pequenos e não a pura proporcionalidade.

A Comissão Europeia

A Comissão tem vários papéis. Eis alguns dos mais importantes:
1. *Direito de iniciativa sobre legislação.* O Conselho e o PE não podem aprovar qualquer legislação que não tenha sido proposta pela Comissão.

2. *Poder executivo*. A comissão monitoriza a implementação da principal legislação adoptada pela União Europeia.
3. *Poder regulador*. A Comissão regula, principalmente, na área das empresas públicas.
4. *Poder de fiscalização da lei europeia*. A Comissão é a guardiã dos tratados europeus. Se detectar a infracção a um tratado, depois de tentar resolver o problema, submete o caso ao Tribunal Europeu de Justiça.
5. *«Guardiã» da União Económica e Monetária*. A Comissão fiscaliza a aplicação das políticas económicas aceites no início de cada ano e, em caso de não aplicação, recomenda ao Conselho vários tipos de acções.

A Comissão e o seu presidente são propostos e nomeados pelos países membros, após aprovação do PE. Actualmente, cada país tem um comissário.

O Parlamento Europeu

O PE é eleito directamente em todos os países membros da UE para um mandato de cinco anos; partilha a autoridade legislativa e orçamental com o Conselho. A opinião do Conselho prevalece em matérias de «gastos obrigatórios» (principalmente na agricultura), enquanto que a opinião do PE prevalece noutras matérias – outro exemplo do equilíbrio do sistema institucional.

O Tribunal Europeu de Justiça

O Tribunal Europeu de Justiça pode «interpretar» a lei comunitária e forçar a sua aplicação. Os processos do Tribunal podem ser interpostos tanto pelos governos como pelos cidadãos, que a ele têm acesso através do Tribunal de Primeira Instância. Ao contrário da prática americana, as suas decisões judiciais não têm peso legal na União Europeia. Ainda assim, o Tribunal de Justiça tem adquirido uma importância considerável entre os órgãos da UE. Recentemente, o seu envolvimento nas políticas de concorrência foi amplamente publicitado.

11

A Retórica do Dirigismo e da Coordenação*

Na União Europeia, a acção política está dividida pela clivagem anglo-francesa descrita no capítulo anterior. Por um lado, a Europa unida teve um impacto positivo na desregulamentação de certos sectores (tópico discutido no capítulo 7), na introdução de uma moeda única (tema de que falaremos no capítulo 12) e na promoção de alguma disciplina fiscal (tópico que abordaremos no capítulo 13). Por outro, tem sido uma fonte de retórica dirigista, que tem orientado os debates na direcção errada e que, em vez de esclarecer, confunde as questões acerca da Europa. A União Europeia criou processos muito complicados, encontros e análises periódicos que exigem a redacção de dezenas de documentos de planificação e estudos profundos destes planos. Discutiremos aqui três exemplos.

O «processo de Lisboa» alcançou um estatuto extraordinário na Europa, de tal modo que, em alguns cír-

---

* Este capítulo baseia-se em A. Alesina e R. Perotti, 2004, «The European Union: A politically incorrect view», *Journal of Economic Perspective* (Outono), pp. 27-48.

culos, parece que o futuro da Europa depende da implementação da «Agenda de Lisboa». Em Março de 2000, em Lisboa, os chefes de Estado da União Europeia chegaram a acordo acerca de uma série de passos a dar para se alcançar uma «sociedade baseada no conhecimento». Os critérios mais importantes estão resumidos no quadro 11.1.

Há várias coisas impressionantes nestes critérios. Em primeiro lugar, a especificação de objectivos numéricos para um futuro de cinco ou dez anos e os procedimentos para os alcançar lembram, se não os planos quinquenais estalinistas, pelo menos as políticas industriais dos anos 70. Como mostra o quadro 11.1, em 2010 a Europa deverá atingir, entre outras coisas, um determinado nível de participação na força de trabalho, uma determinada taxa de desemprego de longa duração, um determinado nível de frequência no ensino pré-escolar (para crianças de várias idades) e um determinado nível de envolvimento da população em programas de formação de adultos. Em segundo, todos os objectivos numéricos são os mesmos para todos os países; a diversidade cultural ou de preferências entre os países é irrelevante. Veja-se, por exemplo, a participação das mulheres na força de trabalho e os cuidados infantis. São temas em relação aos quais existem, certamente, diferenças culturais importantes.

Em terceiro lugar, várias propostas controversas para a intervenção governamental são apresentadas como verdades evidentes. Por exemplo, alguns estudos académicos levantaram sérias questões quanto ao custo/eficácia dos programas de formação de adultos, mas este problema é ignorado, pois vai contra a paixão europeia por programas governamentais. Em quarto, a retórica dirigista é impressionante. Veja-se um exemplo típico do discurso político europeu, da proposta da Comissão para uma

Quadro 11.1
Critérios para uma sociedade baseada no conhecimento

- Taxa de emprego: total 67% (2005), 70% (2010); mulheres 57% (2005), 60% (2010); trabalhadores mais velhos 50%
- Prevenção do desemprego de longa duração: todos os desempregados, jovens e adultos, receberão ofertas de trabalho num prazo de 6 ou 12 meses, respectivamente.
- Percentagem de desempregados participantes em medidas activas: 20%
- Aumento da média efectiva de idade de saída: 5 anos
- Redução da percentagem do abandono escolar: 10% a nível da UE e metade da percentagem de 2000 em cada Estado-membro.
- Aumento do nível de habilitações escolares nas faixas etárias entre os 25 e os 64 anos: 80%
- Participação de adultos na educação e na formação: 15% a nível da UE e acima dos 10% em todos os Estados-membros.
- Cobertura dos serviços de cuidados infantis 0-3: 33%
- Cobertura dos serviços de cuidados infantis 3-6: 90%

Fonte: Alesina e Perotti (2004).

recomendação do Conselho sobre as políticas de emprego italianas para 2002: «[a Itália deve tomar] medidas para aumentar a flexibilidade do mercado laboral e modernizar a organização do trabalho, bem como promover a sinergia entre a flexibilidade e a segurança e evitar a marginalização das pessoas desprivilegiadas.» Duvidamos que alguém tenha uma ideia exacta sobre o que isto signifique nesta linguagem eurocrática, mas podemos conjecturar que se trata de algo sobre a Itália necessitar de maior flexibilidade no mercado laboral, mas sem despedir trabalhadores. De facto, é de regra que cada afirmação política a favor da liberdade do mercado seja imediatamente seguida por um reconhecimento dos problemas da concorrência excessiva e um apelo a favor da protecção daqueles que podem ser temporariamente afectados por uma reforma abrangente, etc.

No quadro 11.2, apresentamos um segundo exemplo, um excerto da decisão de Lisboa sobre política cultural e investigação. Como o Conselho Europeu controla os fundos na Europa, é esta instituição que estabelece as prioridades da investigação. É uma destas prioridades na área das ciências sociais que citamos no quadro. Para além da linguagem pomposa, a atitude relativamente a uma actividade criativa como a investigação é espantosa. A directiva estabelece prioridades para os investigadores, baseadas naquilo que o Conselho espera deles. Note-se a referência ao chamado modelo social europeu, o que implica que a investigação que não se ajuste a este modelo não é bem-vinda e não será financiada.

Quadro 11.2
Critérios da UE para os cientistas sociais europeus

(i) Sociedade baseada no conhecimento e coesão social
A construção de uma sociedade europeia baseada no conhecimento é um claro objectivo político para a Comunidade Europeia. A investigação visa criar as bases de entendimento necessárias para assegurarem que o objectivo seja alcançado segundo algumas condições e aspirações específicas europeias.
- Melhorar a produção, distribuição e uso do conhecimento e o seu impacto no desenvolvimento económico e social [...]. A investigação deve concentrar-se nos seguintes temas: características do conhecimento e o seu funcionamento em relação à economia e à sociedade, bem como à inovação e às actividades empresariais; e a transformação das instituições económicas e sociais; a dinâmica da produção, distribuição e uso do conhecimento, papel da codificação do conhecimento e impacto das TIC; a importância das estruturas territoriais e das redes sociais nestes processos.

- Opções e escolhas para o desenvolvimento de uma sociedade baseada na tecnologia [...]. A investigação deve concentrar-se: nas características de uma sociedade baseada no conhecimento em linha com os modelos sociais europeus e na necessidade de se aumentar a qualidade de vida; coesão social e territorial [...]
- Os vários caminhos em direcção a uma sociedade do conhecimento. [...] A investigação deve concentrar-se nestes temas: globalização relativamente às pressões para a convergência; implicações para a variação regional; desafios para as sociedades europeias de uma diversidade de culturas e maior número de fontes de conhecimento [...]

(ii) Cidadania, democracia e novas formas de governação
O trabalho deve identificar os principais factores que influenciam as mudanças na governação e na cidadania, particularmente no contexto de uma maior integração e globalização e na perspectiva da herança histórica e cultural [...]. A investigação deve concentrar-se nestes pontos: relações entre a integração, o alargamento e a mudança institucional no contexto da sua evolução histórica e numa perspectiva comparativa [...]
As actividades de investigação levadas a cabo nesta área temática prioritária devem incluir estudos exploratórios e aprofundados sobre temas intimamente relacionados com um ou mais tópicos dessa investigação. Devem ser utilizadas duas abordagens complementares: uma receptiva e aberta; e outra proactiva.

Fonte: Alesina e Perotti (2004). Fonte original: resolução do Conselho de 30 de Setembro de 2002: Integrar e Fortalecer a Área de Investigação Europeia (2002-2006), *Jornal Oficial das Comunidades Europeias*, 29 de Outubro de 2002, pp. L294/7-L294/8.

O terceiro exemplo tem a ver com a coordenação da política fiscal. Desde a introdução do euro que tem havido uma luta constante entre Bruxelas, cujo objectivo é impor a mesma política do défice a todos os Estados-membros, e a vontade dos Estados em se virarem para outras direcções, especialmente a respeito dos grandes défices. O famoso e pouco querido Pacto de Estabilidade e Crescimento exigia que os países membros mantivessem os seus défices abaixo dos 3% do PIB. Este pacto é mais conhecido, de forma mais adequada, por Pacto de Estabilidade devido ao seu enfoque nos orçamentos estáveis. A palavra «crescimento» foi acrescentada depois de o primeiro-ministro francês Lionel Jospin ter considerado ser muito conservador (anglo-saxónico) falar apenas de estabilidade macroeconómica sem qualquer referência ao crescimento. De qualquer modo, além da exigência do défice básico de 3%, o Conselho criou um conjunto complexo de regras para fiscalizar os orçamentos nacionais, que incluíam a punição de um país que violasse o pacto.

Num caso notável de 2002, realizaram-se várias longas negociações com a Irlanda sobre a sua política fiscal. O orçamento irlandês é (e era) um dos mais sólidos da Europa. Em 2002, a Irlanda teve um excedente orçamental e a dívida sobre a percentagem do PIB caíra de 120% do PIB, em 1988, para uns confortáveis 60% do PIB. O Conselho deu uma reprimenda à Irlanda e abriu um processo de modo a impor sanções monetárias. O pecado da Irlanda foi ter cortado o seu excedente em cerca de 0,2% do PIB: segundo o Conselho, isto podia ter aumentado a inflação. A Irlanda, de facto, violou algumas regras associadas às políticas de gestão do défice, estabelecidas pela União Europeia. Mas é vergonhoso que se repreenda um país que corta 0,2% do PIB do seu excedente, especialmente porque, num orçamento, a alteração de 0,2% não está longe de um erro de arredondamento! Ainda mais vergonhoso foi o facto de, entre os países que criticaram a Irlanda, estar a Itália, que, na época, tinha um défice de 2% do PIB e uma percentagem de dívida do PIB perto dos 120%! O outro acontecimento interessante deste episódio cómico foi que, no texto da reprimenda, as afirmações sobre o efeito dos impostos e das despesas na inflação foram redigidas com a mais profunda certeza, como se fossem leis da natureza. Estes pressupostos enganadores são indicativos de outro problema que existe na condução da política europeia. A política é escrita como se os decisores políticos soubessem exactamente o que causa o quê, quando e quanto. Isto, evidentemente, é sintomático do dirigismo de estilo francês. O Pacto de Estabilidade incentiva também a contabilidade criativa. Em alguns ministérios das Finanças europeus utilizam-se recursos para a construção de esquemas complexos para esconder os gastos e a dívida fora do orçamento em vez de para cortar a despesa. O resultado é que o pacto de estabilidade é formalmente cumprido, mas os orçamentos nacionais tornam-se cada vez menos transparentes.

Por que são preocupantes estes exemplos? Podíamos pensar em todas estas actividades de estabelecimento de objectivos, livros brancos, comentários sobre os livros brancos, estudos, etc., como um exemplo inútil, mas inofensivo, de energia mal orientada por funcionários públicos dirigistas. Mas não é assim tão simples. Comecemos pelo processo de Lisboa. Em primeiro lugar, os decisores políticos encarregues da implementação da Agenda de Lisboa desenvolveram uma tendência para ver os «planos», a intervenção política e a despesa pública como os ingredientes principais para a resolução de qualquer problema de crescimento. Esta abordagem baseada em objectivos leva o debate político europeu numa direcção completamente errada. Faz com que o público europeu acredite que os decisores políticos sabem como prever (e influenciar!) algo como as percentagens da participação das mulheres daqui a dez anos, a cobertura do ensino pré--primário para crianças de várias idades, etc. A impressão com que se fica é que os decisores políticos sabem como resolver as coisas, portanto, é apenas uma questão de mais planeamento e coordenação, de melhores procedimentos, mais regras e mais latitude para a intervenção pública e mais livros brancos. O que falta é lógica intelectual.

Na verdade, a Agenda de Lisboa, por causa dos seus objectivos irrealistas, tem sido amplamente ignorada pelos políticos nacionais no seu trabalho quotidiano. Por agora, o Conselho não tem poder para obrigar os governos nacionais a adoptarem o tipo de legislação que teria efeitos directos sobre os objectivos (por exemplo, para se abrirem mais estabelecimentos públicos de ensino pré-primário). No entanto, a existência de todos estes documentos de planeamento e objectivos cria o perigo potencial da imposição forçada. Uma Comissão particularmente agressiva e dirigista podia pegar na Agenda de Lisboa e nos documentos que desde então se desenvolveram e usá-los para pressionar os governos nacionais. Por exemplo, o Reino Unido podia ser obrigado a adoptar os programas de apoio social do tipo da Europa continental, razão pela qual o Reino Unido está desconfiado face ao processo global da União Europeia. No extremo oposto, os países escandinavos, que também vêem com suspeição o processo da UE, podem correr o risco de perder o Estado-providência que conhecem e adoram, e certamente que não querem ninguém a interferir com a sua política.

O terceiro problema relativo à Agenda de Lisboa é o facto de ser agora abertamente vista como um falhanço, o que constitui um golpe desnecessário contra a percepção da capacidade de todo o projecto da UE em estabelecer objectivos políticos. Deste modo, corre o risco de prejudicar aquilo que há de bom na União Europeia, e não só os objectivos de Lisboa estabelecidos para 2010. Os Europeus não precisam de mais desalento nem retrocessos. O falhanço reconhecido da Agenda de Lisboa, de facto, poderia ser utilizado para aumentar a centralização e criar mais dirigismo. Acrescentar mais programas de governo quando um falha é uma resposta típica europeia.

O caso da política fiscal ilustra a obsessão dos políticos europeus em Bruxelas com a coordenação, não só da política monetária e fiscal, mas também das políticas de apoio social e de aposentação dos países membros. Na Europa, «coordenação» é um termo carregado de conotações positivas. A melhor maneira de gerir uma federação de países, segundo o argumento, é fazer políticas tão coordenadas quanto possível. A mesma Agenda de Lisboa visa uma política fiscal uniforme, tudo fiscalizado pela União Europeia. A ideia de centralização das políticas é, de uma forma geral, uma ideia francesa, já que a França era e continua a ser um país muito centralizado, em que a maioria das decisões é tomada em Paris, enquanto que a Alemanha tem uma tradição muito diferente, derivada da relativa independência dos seus governos regionais. Os altos funcionários públicos franceses, formados nas Grandes Écoles, exercem muitos altos cargos públicos em Bruxelas e acreditam convictamente que um bom governo central pode estabelecer objectivos e delinear planos. Infelizmente, esta mentalidade está a começar a entrar na burocracia da União Europeia.

Como vimos no capítulo anterior, a questão da coordenação deve ser vista como uma escolha entre os benefícios de escala e a heterogeneidade de preferências. Com um pequeno número de países é relativamente mais fácil chegar a acordo a respeito de maior número de políticas, ainda que, entre os 15, o desacordo seja um lugar comum, como já dissemos. Com o clube ampliado, a coordenação é muito mais difícil, já que a heterogeneidade de preferências é maior. No início de 2000, altura do alargamento da UE, vários observadores afirmaram que a integração europeia enfrentava uma escolha entre os processos de aprofundamento e de lateralidade. O alargamento, diziam eles, exige menos centralização, menos aprofundamento, mas mais lateralidade. Mas esta mensagem foi ignorada pela maioria dos dirigentes. Pelo contrário, a Comissão Europeia, liderada por Romano Prodi, confiava na glória do alargamento e do aprofundamento, visando uma Europa maior e mais coesa, que, em breve, teria a sua constituição e se pareceria cada vez mais com uma federação. Isto não durou muito. O colapso da constituição proposta foi também um resultado do receio dos cidadãos da UE original em se integrarem com os novos Estados-membros.

Na nossa perspectiva, a dificuldade de impor políticas uniformes em 15 países relativamente homogéneos, e de alargar essas políticas a 25 países muito menos homogéneos tem sido bastante subestimada. De facto, um efeito positivo do recente alargamento europeu é o facto de ser mais difícil qualquer movimento em direcção a um dirigismo forte e a uma centralização excessiva.

Portanto, concluímos este parágrafo onde começámos. A União Europeia teve um papel muito positivo na liberalização dos mercados. Infelizmente, em algumas áreas políticas, as instituições comunitárias estão a ser dominadas por um tipo de mentalidade europeia que vê a política governamental como uma panaceia em muitos domínios. A necessidade de coordenação de políticas é excessivamente enfatizada, talvez estrategicamente, pelos dirigentes da UE, já que estarão envolvidos nela e será a própria coordenação supranacional que lhes conferirá os poderes.

12

O Euro

Muitos comentadores, decisores políticos e até alguns economistas acusaram o euro e as políticas do Banco Central Europeu (BCE) de estarem por detrás do crescimento lento, das altas taxas de desemprego e do mal-estar económico geral que se vive em grande parte da Europa. O ex-ministro italiano da Economia, Giulio Tremonti, por exemplo, culpou várias vezes o euro por todos os problemas da economia de Itália. O BCE é frequentemente acusado de estar tão concentrado na inflação que afasta qualquer esperança de recuperação europeia.

Estas ideias são quase totalmente erradas. Este capítulo vai explicar porquê e mostrar como o debate sobre o euro mais não é do que uma diversão, para afastar as atenções da discussão sobre os problemas reais da Europa. Na verdade, o euro criou muitos desafios para as economias europeias, mas foi o falhanço em fazer ajustamentos estruturais adequados que criou problemas, e não o próprio euro. Culpar o euro é como culpar um exame quando alguém se propõe fazê-lo, não se prepara e depois chumba.

A adopção do euro foi um grande passo em frente para a Europa e uma acção radical para os políticos europeus, que, no que respeita a reformas, são normalmente lentos. De uma forma geral, enquanto pedra angular da integração europeia, o euro foi uma boa ideia. Agora que a Europa tem uma moeda única, a saída de um dos maiores países seria um forte revés para todo o conceito da União Europeia. Poderia também provocar grandes choques financeiros, dependendo de como acontecesse, e agravar outros problemas estruturais que têm atrasado o crescimento na Europa. Por conseguinte, perceber como viver com o euro é fundamental para o bem--estar da Europa.

De um ponto de vista puramente económico, são muitos os benefícios de uma moeda única: facilitação da troca de bens e serviços, sem riscos de taxas de câmbio nem custos de conversão; transparência nos preços em todos os países; integração dos mercados financeiros; melhor concorrência, sem o risco de desvalorizações concorrenciais em que um país desvaloriza a sua moeda para tornar mais baratas as suas exportações, gerando assim uma reacção em cadeia dos concorrentes, que conduz à inflação; e, obviamente, um Banco Central Europeu empenhado na estabilidade dos preços, eliminando o risco de inflação alta em países com tendência especial para caírem em espirais inflacionistas. Para alguns países, como Itália, Espanha, Portugal e Grécia, ser admitido no euro foi o símbolo da admissão num clube de países com políticas macroeconómicas respeitáveis. Os benefícios foram imediatos. Os juros da enorme dívida pública da Itália (cerca de 120% do PIB na altura da entrada na zona euro) caíram imediatamente, enquanto que as taxas de juro ficaram ao nível das da Alemanha.

A eliminação do risco de desvalorização inerente à defunta lira foi o factor mais importante para a melhoria das finanças públicas italianas. Se não tivesse entrado na zona euro, as suas altas taxas de juro e os seus défices ficariam ainda mais elevados e, deste modo, catapultariam a Itália para um incumprimento da sua dívida pública. Isto teria significativas implicações negativas não só para a estabilidade financeira italiana, mas também para toda a Europa.

Os custos foram também claros. A adopção do euro representou a perda da independência nacional na política monetária doméstica e da flexibilidade das taxas de câmbio. Na zona euro, as políticas monetárias e as taxas de juro são decididas pelo Banco Central Europeu, que tem de prestar atenção às variáveis macroeconómicas médias em toda a zona euro. Se um país crescer menos do que a média, não pode pedir uma política monetária mais expansionista, e se a inflação de um país estiver acima da média, não pode obter uma política monetária mais restritiva. Por isso, os economistas que subscrevem a crença de que a política monetária é um instrumento importante para o aperfeiçoamento da economia, apontam o euro como um problema.

O desacordo entre os economistas acerca do euro tem vindo a reduzir-se essencialmente ao diferente peso atribuído aos prós e contras acima observados. Os pessimistas previam que, ao primeiro sinal de uma recessão na zona euro, as assimetrias entre os países membros e a ideia politicamente agradável das desvalorizações competitivas aumentariam as tensões entre os membros e dificultariam os acordos na zona euro. Em certos sentidos, isto aconteceu. Alguns políticos proeminentes culpam agora o euro pelo fraco crescimento dos seus países.

Como resultado, alguns políticos menores e mais irreflectidos sugeriram abertamente o abandono do euro. Outros economistas, como Martin Feldstein, de Harvard, e o laureado com o prémio Nobel Milton Friedman previram que a adopção do euro iria intensificar bastante os conflitos políticos entre os países europeus e até aumentar a probabilidade de ocorrência de guerras. As previsões mais negras acerca dos conflitos intereuropeus eram exageradas, mas, por vezes, os políticos europeus queixam-se da camisa-de-forças da política monetária comum.

Os optimistas, pelo contrário, apontam para o grande exemplo dos Estados Unidos, onde existem diferenças no crescimento regional e não há pressões para voltar às moedas regionais. É claro que a unidade política dos Estados Unidos é muito mais forte. E vale a pena referir que os Estados Unidos não nasceram com uma moeda única. Foram necessárias várias décadas de unidade política para que se introduzisse uma divisa comum, tal como os pessimistas previam. Em muitos sentidos, os economistas tinham razão em identificar os prós e contras do euro; mas os factos confirmaram a perspectiva moderada. A análise optimista mais ingénua, que previa que o euro seria uma espécie de grande salto em frente para a Europa, acabou por revelar-se errada, tal como a mais pessimista, que previa o falhanço imediato do euro com fortes tensões entre os Estados-membros.

No domínio da política, mais uma vez, havia dois campos. Os que apoiavam o euro em termos políticos eram os entusiastas europeus (ingénuos), para os quais, por definição, era sempre melhor mais coordenação e mais unidade. Afirmavam que uma moeda única levaria os países membros a adoptarem políticas mais uniformes, uma pura bênção, por definição. Como mostrámos no capítulo anterior, a coordenação é boa em algumas áreas, mas não é «boa por definição» em todas as áreas da política económica. Ainda assim, a introdução da moeda única foi usada para justificar a exigência de coordenação em várias políticas, muitas das quais sem nada que ver com a moeda única. Outros, de forma mais pertinente, disseram que o euro iria aumentar os incentivos para se adoptar as reformas estruturais necessárias à promoção do crescimento, já que as desvalorizações competitivas e os ajustes monetários iriam deixar de estar disponíveis. Afirmavam também que o euro iria aumentar bastante a competição dentro da Europa, pressionando ainda mais as reformas estruturais. Os pessimistas diziam que o único resultado do euro seria o encerramento do canal da flexibilidade política, sem a criação de qualquer resposta positiva no domínio estrutural, provisional e competitivo.

Mais uma vez (exceptuando os entusiastas ingénuos do euro), o debate tinha razão em identificar forças em conflito. No fim, a perspectiva mais moderada acabou por se revelar a correcta. A adopção do euro criou, de facto, um ímpeto para maior integração europeia, um ímpeto que podia e devia ter sido mais bem usado numa única área: a criação de um verdadeiro mercado único para bens e serviços, incluindo intermediários financeiros. Os governos europeus foram lentos nestas áreas, e alguns até recuaram. Entretanto, a Comissão Europeia usou o euro como justificação para promover mais integração numa variedade de áreas em que a integração não é necessária, ou até é prejudicial, como dissemos nos capítulos 10 e 11.

A Comissão, por exemplo, errou ao querer uma união monetária de políticas fiscais intimamente coordenadas. Bruxelas exagerou na necessidade de coordenação fiscal e, em certos casos, esta coordenação foi até contraproducente, como vimos no capítulo anterior com o exemplo da Irlanda. Efectivamente, podemos até dizer o contrário, nomeadamente que, dado o facto de a política monetária ser a mesma para todos os países da zona euro, o que é necessário, em vez de coordenação, é *mais* e não menos flexibilidade fiscal.

E em relação à previsão dos euro-optimistas, segundo a qual, tendo acabado com as políticas monetárias domésticas, os países europeus iriam promover reformas estruturais, nomeadamente nos mercados de trabalho, de bens e serviços? Ao eliminarem vários condicionalismos, estas reformas permitiriam que as economias reagissem mais depressa a choques negativos. Mas isto, porém, não aconteceu com rapidez e profundidade suficientes. Como dissemos no capítulo 4, alguns países introduziram reformas no mercado laboral (Dinamarca, Suécia e, em menor medida, Itália e Alemanha). Outros, como França, fizeram muito pouco, mas, de uma forma geral, o ritmo das reformas estruturais na Europa tem sido demasiado lento e tímido. Na área dos serviços, desde a finança ao gás e à electricidade, as reformas têm sido particularmente decepcionantes.

O ritmo lento das reformas no domínio dos mercados é a causa das dificuldades económicas actuais da Europa, e não o euro. É verdade que, nos países em que não há reformas, o euro torna a vida mais difícil: as desvalorizações, que durante algum tempo estimulam as exportações mesmo em economias menos competitivas, já não estão disponíveis. Mas isto é um benefício, pois pode criar mais incentivos às reformas e eliminar a tentação de se proceder a desvalorizações competitivas, que, para a economia, são como uma droga que vicia.

Assim, sete anos após a introdução do euro, começamos a ver alguns sinais preocupantes. Em primeiro lugar, em vez de um incentivo à aceleração das reformas, o euro tem por companhia um proteccionismo renovado. Em França, especialmente, a suspensão das regras do mercado interno, que proíbem o auxílio estatal às empresas, é vista por todos os políticos, independentemente das suas ideologias, como uma forma aceitável e desejável de proteger a indústria francesa e de «estimular os campeões da tecnologia», através da atribuição de subsídios. Em Portugal, a situação económica está a ficar cada vez mais difícil e as soluções não são imediatamente óbvias. Impulsionados por um *boom* consumista após a entrada na zona euro e pela queda das taxas de juro, os salários nominais portugueses subiram um total de 30% em sete anos. A inflação consumiu dois terços desta subida, mas, ainda assim, os salários reais cresceram quase 10%. Como a produtividade não aumentou, este crescimento dos salários reais traduziu-se num aumento dos custos da unidade de trabalho (29%). O desempenho de Itália foi só um pouco melhor: os salários nominais subiram 21%, a unidade de trabalho 18% e os salários reais 3,2%. Não admira que Portugal e Itália tenham dificuldades nas exportações! Nestes países, especialmente na Itália, a China tornou-se na causa de todos os problemas económicos, mas a verdade é que a Itália e Portugal estão a perder terreno para a Alemanha, onde, em sete anos, os custos da unidade de trabalho cresceram apenas 3,4%, e a Alemanha está a aumentar as suas exportações para a China. As estradas chinesas estão cheias de Audis, conduzidos, entre outros, pelos muitos burocratas chineses com direito a viatura oficial.

Estes desenvolvimentos levantam duas questões. Como é que Portugal e a Itália (e a Espanha está a caminho da mesma situação) se meteram neste imbróglio, como é que dele poderão sair, e haverá o risco de a saída ser o abandono do euro? Começando pelas razões por que se meteram nesta situação, um factor importante é a falta de concorrência no sector dos serviços, que fez aumentar a inflação em toda a economia. Olhemos novamente para a Itália. Desde que aderiu ao euro, os preços dos serviços bancários subiram 38% (mais de 5% ao ano), os seguros automóveis subiram 31% e os hotéis e restaurantes aumentaram 18% e 15% respectivamente, enquanto que os preços industriais subiram menos de 6%, ou 1,5% ao ano. O aumento do preço dos serviços locais não competitivos diminui o poder de compra dos salários. Os trabalhadores tentam compensar exigindo aumentos de salários, mas o euro e a competição global não permitem que as empresas passem os aumentos salariais para os preços. Os lucros diminuem (excepto os dos bancos e das companhias de seguros, claro) e as empresas ficam em dificuldades.

Outro factor tem sido o quase congelamento do crescimento da produtividade, em parte devido à falta de inovação, tópico já discutido no capítulo 5, e também por causa da desaceleração produzida pelo aumento dos custos. Além disso, estes países conservaram uma estrutura industrial particularmente vulnerável à concorrência das novas exportações vindas do Sudeste Asiático.

No passado, uma desvalorização monetária colocaria Portugal e a Itália fora da crise económica – pelo menos durante algum tempo. Com o euro, a única saída é a moderação dos salários reais e um forte aumento da produtividade. Mas nada disto é fácil. Em Portugal, o governo anunciou recentemente um grandioso plano de investimento público em infra-estruturas e em investigação e desenvolvimento, com a esperança de que as novas infra-estruturas sejam suficientes para atrair o investimento directo estrangeiro e impulsionar o crescimento da produtividade. Em Itália, as tarifas e quotas de importação tornaram-se a linguagem comum dos políticos. O resultado mais provável, como já observámos, é o crescimento lento. Mas, com esta perspectiva, será que o compromisso da Itália com o euro sobreviverá? Por que passar por uma recessão se uma desvalorização pode cortar imediatamente os salários reais? Portugal tem de desistir do aumento de 10% nos salários reais, que não foi justificado por uma maior produtividade –, e talvez até mais.

Além do euro, o BCE está a tornar-se noutro bode expiatório para a incapacidade da Europa em enfrentar os seus verdadeiros problemas. Em vez de atacarem o poder político entrincheirado dos vários elementos internos – sindicatos, empresas monopolistas, negócios internos nos mercados financeiros –, que trava a adopção de reformas, muitas vezes os políticos europeus atacam o Banco Central Europeu.

O BCE começou por ser acusado de não defender suficientemente o euro quando, no Outono de 2000, a moeda europeia perdeu cerca de 0,85% face ao dólar. Nessa altura, alguns entusiastas do euro aproveitaram para desferir o argumento (peculiar) de que a debilidade do euro se devia à falta de unidade política da Europa. Depois, não há muito tempo, o BCE foi acusado de não evitar que o euro valorizasse demasiado, quando chegou a 1,3 face ao dólar. (Será que havia então «demasiada» unidade política?) De uma forma mais geral, o BCE tem vindo a ser acusado de estar demasiado obcecado com a inflação e de não estar suficientemente preocupado com o crescimento. Estas acusações continuavam a ser feitas, mesmo quando as taxas de juro reais da zona euro estavam perto do zero e até mais baixas.

A alegação acerca do falhanço do BCE é injusta. Ninguém é perfeito, tal como nenhuma instituição é perfeita, e o BCE bem que podia investir mais na sua capacidade de comunicação com o público. Mas a sua política monetária na Europa tem sido sensata; por isso, não pode ser responsabilizado pelo fraco desempenho económico da região. Contudo, embora as políticas do BCE sejam moderadas, a sua retórica tem sido mal utilizada. Em todas as ocasiões, o BCE repete que o seu único objectivo é a estabilidade dos preços, sem explicar que isto significa manter a procura a um nível próximo do nível de crescimento potencial da economia. O BCE devia fazer um esforço de linguagem relativamente ao seu papel (que, sem dúvida, está presente) de preocupação com o crescimento europeu.

Os ataques ao Banco Central Europeu têm vindo de dois lados: de funcionários governamentais, interessados em desviar as críticas à sua própria incapacidade de lidar com os verdadeiros problemas da Europa; e de alguns economistas, que se concentram no lado da procura da economia, ao passo que ignoram que a causa subjacente dos problemas da Europa está no lado da oferta. O primeiro grupo de críticos tenta convencer o seu eleitorado de que uma das principais razões para o fraco crescimento da Europa e para o desemprego elevado é a política monetária restrita do BCE, que está demasiado obcecado com a inflação. O segundo grupo de críticos costuma comparar o BCE com o Fed em termos negativos: o Fed é visto como o campeão do crescimento norte-americano e o BCE como o culpado pela estagnação europeia. Esta comparação enfatiza excessivamente o papel da política monetária na promoção e manutenção do crescimento sustentado, e exagera os êxitos do Fed quando comparados com os alegados insucessos do BCE. De facto, pode dizer-se que o Fed foi demasiado negligente e contribuiu para a criação de uma bolha em alguns mercados (como o mercado imobiliário) devido às taxas de juro baixíssimas praticadas durante muitos anos. A política monetária é um instrumento poderoso para a gestão macroeconómica a curto prazo, mas lembremos estas palavras: a curto prazo. O declínio iminente da Europa não é um problema a curto prazo; não há nada que a política monetária possa fazer para o evitar.

Portanto, o euro foi uma boa ou má ideia? Na nossa opinião, se fizermos um balanço, a adopção do euro foi uma boa ideia. Uma zona tão economicamente integrada como a Europa pode beneficiar bastante com a eliminação do risco das taxas de câmbio e dos custos de conversão, com uma maior transparência dos preços e com melhores comunicações financeiras. Fora do euro e sem a redução das taxas de juro que este provocou, alguns países (como a Itália e a Grécia) podiam ter caído numa crise financeira e arrastado os vizinhos europeus para um caos financeiro. Os problemas actuais das economias europeias não têm origem no euro, mas sim na falta de medidas relativas à oferta e à competição, que permitiriam que o euro manifestasse totalmente os seus efeitos benéficos.

É demasiado prematuro dizer que o euro viverá para sempre e que em circunstância alguma os Europeus devem pensar em desistir da moeda única. Se as reformas continuarem a ser adiadas por muito tempo e a estagnação persistir, a retórica antieuro, que hoje vemos ocasionalmente, irá difundir-se. A saída de alguns países da união monetária não é inconcebível, embora seja improvável. Seria um grande revés não só para os países que saíssem, mas também para o próprio projecto de uma moeda única europeia.

13

Ajustes Orçamentais

Frequentemente, os países que não crescem o suficiente e que precisam de reformas vêem-se limitados por causa das suas finanças públicas. Por um lado, têm défices; por outro, alguns dos remédios necessários, como a redução de impostos, podem agravar os défices. Por vezes, as reformas nas pensões, que geram grandes poupanças orçamentais a longo prazo, criam défices a curto prazo. Em muitos casos, mesmo que as reformas necessárias não custem dinheiro público (a liberalização do mercado laboral, a eliminação de barreiras comerciais em certos sectores, etc.), é preciso criar algum mecanismo de compensação para reduzir ou aliviar o custo que as reformas impõem a alguns indivíduos. Mas os ajustes orçamentais errados, como os aumentos das taxas marginais, podem travar o crescimento. Por isso é que ajustar o orçamento, algo que muitos países europeus necessitam de fazer, pode dificultar profundamente a implementação de reformas que impulsionem o crescimento.

Em 2004, os Estados Unidos tinham um défice orçamental de 4% do PIB, enquanto que, em finais dos anos

90, tinham um excedente de 1,3% do PIB. Os países da zona euro tinham um défice médio de 2,8% do PIB; os maiores défices eram o da Itália, com 3,2%, da França e da Alemanha, ambos com 3,7%. Alguns destes défices estão ainda a crescer.

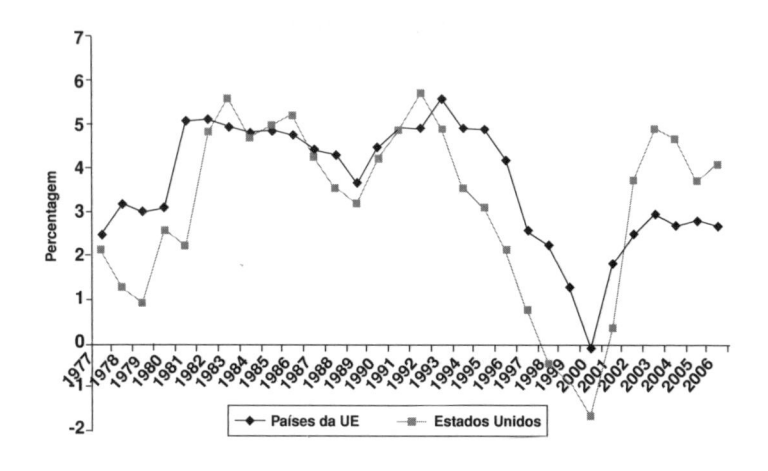

Figura 13.1
Défice em percentagem do PIB da União Europeia e dos Estados Unidos desde 1975. 2005 e 2006 são projecções.
Fonte: *OECD Economic Outlook*, 1995.

Antes de prosseguirmos, temos de afastar a impressão errada de que os défices orçamentais são sempre um problema e que têm de ser evitados a todo o custo. Isto não é verdade. Os défices orçamentais temporários fazem parte do conjunto de ferramentas de um bom decisor político. Durante as recessões, é provável que apareçam défices orçamentais porque as receitas dos impostos são temporariamente baixas. Em período de recessão, seria um erro aumentar os impostos para equilibrar o orçamento. De igual modo, se as despesas estatais são temporariamente elevadas, por exemplo, devido a uma guerra ou a uma calamidade natural, é um erro introduzir aumentos nos impostos para manter um orçamento equilibrado todos os anos. Os défices orçamentais (tal como os excedentes) têm um papel útil para atenuar as flutuações temporárias das receitas fiscais e das despesas. Obviamente, os défices tornam-se um problema quando duram muito tempo; geram grandes dívidas e são um sinal de uma incapacidade permanente de manter a despesa em linha com a tributação.

Ainda que os níveis do défice sejam actualmente semelhantes nos Estados Unidos e na Europa, as suas causas são muito diferentes. O défice norte-americano actual deve-se a três factores de peso relativamente igual: as guerras no Afeganistão e no Iraque; a redução dos impostos implementada pelo presidente George W. Bush no seu primeiro mandato; e o aumento das despesas não militares, especialmente nos cuidados de saúde. Sem contar com as duas guerras, para a maioria dos economistas, os cortes nos impostos e o aumento das despesas não militares pareceram excessivos, especialmente à luz de um enorme défice da segurança social. No caso da Europa, os défices actuais resultam da incapacidade de os governos controlarem a despesa corrente e do efeito de um período prolongado de crescimento lento das receitas fiscais.

O controlo fiscal estava associado à criação da união monetária, mas, pouco depois da adopção do euro, as principais economias continentais voltaram a lidar com grandes défices. A admissão à zona euro requeria um défice abaixo dos 3% do PIB e uma dívida abaixo de 60% do PIB; o nível da dívida, porém, foi amplamente ignorado. A maioria dos países estava acima dos 60%, e a Itália e a Bélgica foram admitidos com o dobro da dívida! O critério do défice foi imposto e alguns dizem que esta imposição fora explicitamente motivada como forma de deixar a fiscalmente frágil Itália fora da união. No entanto, a Itália acabou por ser admitida. Pouco depois da criação da união monetária, o Pacto de Estabilidade e Crescimento prescreveu regras para o equilíbrio fiscal. Mas, após alguns anos, o Pacto foi também violado por vários países membros, como a Itália, a França, a Alemanha e Portugal. Apesar das várias tentativas para se imporem regras fiscais, na prática, nenhuma das regras é hoje observada, ainda que a Comissão Europeia e o Ecofin ajam como se o fossem e tenham encontros com os ministros da Economia e burocratas dos países membros e os critiquem habitualmente pelos seus défices. Embora os países da UE negociem com Bruxelas sobre o que é ou não aceitável como défice, os resultados manifestados são diferentes. A nossa impressão é que, actualmente, os grandes países da Europa podem fazer quase tudo o que quiserem com os seus défices.

Além dos défices actuais, tanto os Estados Unidos como os países da Europa enfrentam problemas fiscais a longo prazo: em especial na área dos cuidados de saúde nos Estados Unidos e na área das pensões na Europa continental. Os maiores «buracos» no sistema de pensões manifestam-se na Alemanha. Os debates acerca de como reformar as pensões alemãs já duram há uma década, mas, até agora, nada foi feito. Enquanto os políticos se arrastam, temendo que uma reforma decisiva das pensões lhes possa fazer perderem votos, o povo alemão preocupa-se. Os estudos de um dos autores deste livro (Giavazzi), acerca do comportamento das famílias alemãs, mostra que aquelas que estão mais preocupadas com a sustentabilidade do sistema actual de segurança social poupam mais, trabalham mais e consomem menos. Na Alemanha, uma pessoa de 35 anos relativamente mais preocupada com a incapacidade do governo em lidar com a sustentabilidade do sistema de pensões tem um nível de poupanças 6% mais elevado do que outra que esteja menos preocupada. Aos 55 anos, o nível de poupanças aumenta quase um quarto. Os Europeus não são ingénuos: percebem o que podem ter pela frente.

Os Americanos têm utilizado a redução dos impostos para estimular a economia e talvez, como alguns dizem, até de mais. Para os países europeus, é muito difícil aplicar o estímulo fiscal da redução de impostos. A maioria dos países europeus tem grandes sectores públicos (a média europeia de despesa estatal está próxima dos 50% do PIB). Alguns têm grandes dívidas acumuladas, que podem tornar-se fiscalmente pesadas se as taxas de juro deixarem de estar tão baixas como estão agora. Nos Estados Unidos, aos períodos de redução dos impostos no início dos anos 60, meados de 80 e inícios de 2000 seguiu-se um crescimento acelerado; por conseguinte, as reduções de impostos ajudaram a eliminar os défices. Os défices acumulados nos anos 80 transformaram-se em excedentes em finais dos anos 90, quase exclusivamente graças ao período prolongado e sustentado de expansão. O presidente Clinton manteve a despesa sob controlo, mas não teve de impor medidas draconianas ou aumentar as taxas de juro para obter um excedente. Isto precisamente porque, nos anos 90, a economia norte-americana estava a crescer a um nível excepcionalmente sustentado. Mas cuidado, este argumento não implica uma economia simplista do lado da oferta – nomeadamente que as reduções de impostos se pagam a si mesmas, portanto, que descer as taxas de juro aumenta as receitas. Pelo contrário, são as reduções de impostos bem concebidas que estimulam o crescimento, e os cortes na despesa necessários para manter o equilíbrio orçamental não têm de ser excessivamente avultados.

A França, Alemanha e Itália enfrentam problemas muito mais graves do que os Estados Unidos. A incapacidade destes países em reduzirem significativamente a despesa, a par de um crescimento lento, exigiu uma tributação pesada, que criou desincentivos para as pessoas trabalharem e investirem. Como referimos no capítulo 3, as elevadas taxas marginais dos impostos são, pelo menos parcialmente, responsáveis pelo prolongado declínio das horas de trabalho e das taxas de participação na força de trabalho na Europa continental.

Poderá a Europa permitir-se uma redução significativa dos impostos? Sim, mas só se esta redução for acompanhada por cortes compensadores na despesa do Estado. Terão estes cortes na despesa consequências económicas adversas? E serão politicamente exequíveis?

Em relação à primeira questão, os dados sobre os ajustes fiscais desde finais dos anos 80 até meados dos anos 90 em muitos países da OCDE forneceram aos investigadores grande quantidade de informação sobre os efeitos das grandes mudanças na política fiscal. Estes dados mostram, em particular, o que funciona e o que não funciona como ajuste fiscal. Seguem-se algumas lições interessantes.

Em primeiro lugar, as reduções do défice nos países da OCDE baseadas em cortes na despesa têm muito mais hipóteses de perdurar do que as baseadas em aumentos de impostos. Em geral, os cortes na despesa levam a ajustes orçamentais mais permanentes do que os aumentos de impostos. Porquê? Travar o crescimento automático de muita despesa programada, especialmente os benefícios, é condição necessária para a consolidação de um orçamento, enquanto que os aumentos de impostos tapam o buraco apenas temporariamente. Os cortes na despesa são também sinal de que um governo tem uma atitude séria em relação à correcção dos gastos fiscais e de expectativas para baixar as taxas de juro. Taxas de juro mais baixas ajudam a consolidar um orçamento.

Em segundo, entre os cortes na despesa, as áreas em que há mais hipóteses de se alcançar uma consolidação orçamental duradoura são a função pública (redução no crescimento dos salários e/ou redução do número de funcionários públicos) e os programas de transferência. Estas são as categorias da despesa pública com mais tendência para crescer automaticamente; portanto, travar este crescimento é particularmente benéfico e condição *sine qua non* para as consolidações duradouras. O problema é que, na Europa, a extraordinária segurança de emprego dos funcionários públicos torna muito difícil reduzir os seus efectivos, e os sindicatos agressivos e poderosos são muito bons a conseguir aumentos de salários. A evolução dos programas de benefícios é, obviamente, um problema nos dois lados do Atlântico: é por isso que as reformas das pensões públicas e dos cuidados de saúde são grandes temas actuais.

Em terceiro, os ajustamentos fiscais baseados em cortes na despesa têm menos probabilidade (do que os baseados nos aumentos de impostos) de criar recessões, mesmo a curto prazo. Trata-se de um resultado por vezes referido como «efeitos não keynesianos» da política fiscal. Sugere que é possível eliminar défices orçamentais sem provocar uma queda do crescimento, e, de facto, o crescimento sustentado durante o processo de ajustamento ajuda o próprio ajustamento ao conservar as receitas fiscais. Como é isto possível? Do lado da procura, as reduções permanentes na despesa estatal assinalam um declínio nas futuras necessidades de receitas para o governo; deste modo, o consumidor sente-me mais abonado e, por isso, continua a consumir. Como os impostos esperados descem, o rendimento líquido (antes dos impostos) esperado aumenta. Além disso, o sinal de firmeza fiscal por parte do governo pode reduzir as taxas de juro, estimulando assim o investimento. Do lado da oferta, existem efeitos significativos adicionais. Impostos mais baixos reduzem o desincentivo ao trabalho e baixam o custo do trabalho para as empresas. Pelo contrário, impostos mais elevados desencorajam a participação no trabalho, e impostos mais altos sobre os rendimentos traduzem-se frequentemente numa exigência de salários brutos mais elevados, para compensarem os salários líquidos mais baixos, criando assim custos de trabalho mais altos para as empresas. Nas economias com sindicatos, os cortes (ou o crescimento lento) nos salários públicos e na função pública podem traduzir-se ainda na moderação salarial no sector privado, levando a uma redução dos custos do trabalho, maiores lucros e mais gastos em investimento. Isto porque, em mercados laborais com sindicatos, os aumentos de salários no sector público podem influenciar o poder negocial nas exigências dos sindicatos do sector privado. De facto, a vários episódios de grandes consolidações fiscais seguiu-se não só um consumo privado sustentado, mas também um disparo no investimento e, como consequência, a economia gozou de um crescimento sustentado mesmo durante o ajustamento fiscal.

O exemplo fundamental de um ajustamento fiscal bem sucedido, duradouro e expansionista foi o da Irlanda, em 1987-1989. Em cerca de cinco anos, a Irlanda passou de um défice de quase 6% do PIB para um excedente superior a 2%. As despesas primárias (excluindo os pagamentos de juros) foram reduzidas em 8% do PIB, de 43% para 35%. As receitas mantiveram-se basicamente constantes e até diminuíram ligeiramente enquanto percentagem do PIB. A função pública sofreu um corte de 10% (de 300 000 para 270 000 funcionários públicos). Nos mesmos anos, o crescimento do PIB na Irlanda saltou de zero para quase 6% ao ano. A taxa de desemprego caiu de 10% para 8%. Desde então, a Irlanda tornou-se no tigre da Europa, com um crescimento superior ao de qualquer outro país da União Europeia. Este sucesso foi facilitado por uma desvalorização da moeda.

Um exemplo mais antigo de um ajustamento fiscal bem sucedido e expansionista baseado nos cortes na despesa foi a Dinamarca. Entre 1982 e 1983, a Dinamarca passou por uma experiência similar à da Irlanda. Outro exemplo semelhante foi a Austrália, entre 1986 e 1987. Comum a todos estes casos é o facto de as reformas terem sido realizadas rapidamente. É necessária uma acção decisiva para mudar a confiança do povo no governo e na economia. Se as pessoas não perceberem que a consolidação fiscal será acompanhada por uma melhoria da economia, a confiança do consumidor e das empresas diminuirá. Ambos são necessários para evitar uma desaceleração.

A Itália seguiu na direcção oposta. A partir do início dos anos 90, a Itália começou a levar a cabo uma longa série de reduções do défice, de modo a satisfazer os critérios fiscais para aderir à união monetária europeia. O ajustamento fiscal foi gradual e ocorreu quase exclusivamente no domínio das receitas. A percentagem das receitas fiscais em relação ao PIB aumentou, de 39 % em 1987, para 47% em 1999, quando a Itália foi admitida na União Europeia. Desde então, as receitas mantiveram-se acima dos 45% do PIB. Durante este período, o crescimento italiano foi tímido e, em 2005, com um défice projectado de cerca de 4% do PIB e uma dívida pública a subir até aos 120% do PIB, as finanças públicas italianas estavam novamente em dificuldades e estavam quase tão mal como quando se iniciou o ajustamento. Os ajustamentos fiscais italianos dos anos 90 não incidiram em cortes estruturais na despesa pública, portanto, a despesa corrente (excluindo os pagamentos de juros) aumentou recentemente dois pontos percentuais do PIB. Este resultado é perfeitamente exemplificativo daquilo que dissemos atrás: o ajustamento fiscal não aguentou porque o governo não foi capaz de reduzir estruturalmente a despesa.

Passemos agora à questão da exequibilidade política. Se alguns tipos de ajustamentos fiscais (os que se baseiam em cortes estruturais na despesa) podem ser bem sucedidos e sustentáveis, por que é que os sucessivos governos se confrontam com esta questão?

Desde logo, paradoxalmente, a introdução do euro reduziu a pressão sobre os governos para manterem as suas casas fiscais em ordem. A Itália, mais uma vez, é um caso exemplar. Antes de aderir à união monetária, a Itália enfrentava elevadas taxas de juro, que subiam com a deterioração da política fiscal. A lira ficava sob pressão sempre que os mercados financeiros começavam a flutuar por causa da dívida italiana. No entanto, no seio da união monetária, a taxa de juro de um país altamente endividado, como a Itália, é apenas marginalmente mais elevada do que a dos países fiscalmente virtuosos, como a Finlândia ou a Irlanda. A Itália sente menos pressão porque contrair empréstimos é barato. Chega a ser surpreendente o quão pouco variam as taxas de juro sobre a dívida pública nos diferentes países membros da União Europeia. Para isto, há duas explicações. A primeira é que o BCE, quando compra e vende títulos estatais (as chamadas operações de mercado aberto), não faz uma distinção entre os títulos emitidos pelos diferentes países da União Europeia: este procedimento, provavelmente, é mais ditado pela política do que pela economia. A segunda, é que os investidores privados podem não estar ainda demasiado preocupados com as dívidas e os défices excessivos na Europa. Mas o problema é que podem andar calmos durante algum tempo e depois, subitamente, entrar em pânico e desfazer-se dos títulos, o que teria efeitos imediatos nas taxas de juro dos países emissores. Assim, até agora, os políticos têm sentido pouca pressão dos mercados relativamente à rectidão fiscal, o que é, de facto, uma situação perigosa.

De qualquer modo, ainda que os políticos possam não perceber os custos económicos dos défices, estão todos bem conscientes dos potenciais custos políticos dos ajustamentos fiscais. Faz parte da crença geral que um governo que implemente uma política fiscal apertada perderá as próximas eleições. Mas esta crença mais não é do que um daqueles factos estilizados, assim chamados por não sobreviverem a um rigoroso escrutínio estatístico. Dos vários estudos sobre as consequências da política fiscal, nenhum encontrou provas evidentes de que a redução dos défices orçamentais tenha custos eleitorais significativos. O condicionalismo político mais relevante está relacionado com a questão dos custos concentrados e dos benefícios generalizados. De uma forma geral, os contribuintes beneficiam com os cortes na despesa quando os impostos são reduzidos ou não aumentam. No entanto, quando preparam os orçamentos, os governos europeus têm de negociar mais ou menos formalmente com vários tipos de organizações – sindicatos, associações empresariais, agricultores, etc. O interesse principal de cada organização é defender os seus programas de despesa favoritos e os «favores» que recebem do governo – pensões para os sindicatos, salários para os sindicatos do sector público, subsídios para os agricultores e as associações empresariais, etc. Os contribuintes nunca estão representados nestas mesas de negociações. Por conseguinte, as organizações que se opõem aos cortes na despesa têm uma representação política maior do que os contribuintes. O resultado é óbvio: é difícil aplicar cortes na despesa.

As conversações entre o governo e alguns grupos socioeconómicos podem ser produtivas, como é mais típico nos países escandinavos, onde são consensualmente orientadas e coordenadas no âmbito de um quadro político macroeconómico. Outra abordagem menos benéfica é a «luta livre» de numerosos grupos interessados em defender e aumentar as suas fatias da despesa. Em ambos os sistemas há uma tendência para se preferir os aumentos de impostos em detrimento dos cortes na despesa, mas o segundo sistema, obviamente, é muito mais pernicioso.

Existe também uma componente ideológica nas discussões da opinião pública europeia sobre a despesa pública. Quer sejam de esquerda ou de direita, os políticos e os eleitores europeus estão convictos de duas coisas: (1) cortes mesmo relativamente pequenos na despesa do Estado levarão a Europa para um capitalismo selvagem de estilo americano; (2) qualquer corte na despesa do Estado causa recessão.

A primeira convicção está ligada à visão europeia do papel do governo, como discutimos no capítulo 1. Várias décadas de programas de apoio social cada vez maiores convenceram os Europeus de que o governo é essencial para o seu bem-estar. Têm tendência para subestimar o modo como os mercados podem fornecer alguns serviços de forma mais eficiente do que o governo, desde a educação aos sistemas de seguros. Mas a estratégia política está também envolvida. Os poderosos sindicatos do sector público têm um incentivo para fazer com que toda a gente acredite que mesmo o corte mais pequeno no número de efectivos da função pública lance o país no caos. Por exemplo, os sindicatos dos professores gostam que a opinião pública pense que o número dos seus efectivos não pode ser reduzido, apesar da descida da taxa de natalidade na Europa; de outro modo, segundo eles, o sistema educativo entrará em colapso.

Em relação ao segundo ponto, a prevalência de um keynesianismo estrito e excessivamente dogmático (ou seja, a defesa de programas monetários e fiscais por parte do governo para fazer crescer o emprego e a despesa) levou a que se sobrestimassem os efeitos das políticas do lado da procura e se subestimassem os efeitos das distorções fiscais no lado da oferta. Muitos economistas europeus estão profundamente enraizados nesta visão, acreditando que uma procura mais agregada e, em particular, uma política monetária e fiscal mais expansionista é tudo o que a Europa precisa.

Ligada a esta visão está a ideia de que a solução para todos os problemas é mais despesa estatal. Consideremos os investimentos públicos em infra-estruturas. São a panaceia dos políticos e comentadores europeus, como se a falta de infra-estruturas fosse um problema na Europa. Na maioria dos países europeus, os aeroportos, estradas e transportes públicos são pelo menos tão bons, ou até melhores, que nos Estados Unidos. No caso do ensino nas universidades, como discutimos no capítulo 5, a Europa não necessita de mais dinheiro, mas sim de melhores incentivos, mais competição e mais fundos privados. Mas tudo o que se ouve na Europa é a exigência de mais dinheiro público para as universidades exclusivamente públicas.

Em suma, se os Europeus quiserem levar a sério a consolidação fiscal, têm de reduzir alguns pontos percentuais da despesa em relação ao PIB. Têm de proceder a cortes nos empregos, nos salários públicos e nos programas de subsídios. Estes cortes podem reduzir as taxas marginais nos impostos e, deste modo, ter efeitos positivos no domínio da oferta.

Como é frequentemente observado por muitos economistas, mas esquecido nos debates políticos, um Estado grande não significa necessariamente um Estado eficiente. O Estado-providência sueco conseguiu reduzir a percentagem de famílias em risco de pobreza, de 29% (antes das transferências sociais) para 9%. Em Itália, onde a dimensão da despesa estatal é apenas alguns pontos percentuais do PIB mais pequena do que na Suécia, as transferências sociais para famílias em risco de pobreza são quase insignificantes: de 22% para 19% (dados do Eurostat). Portanto, um Estado grande nem sempre significa um Estado bom, e os países podem reduzir a despesa estatal sem aumentarem a desigualdade. É fundamental que a Europa se lembre desta mensagem.

Quadro 13.1
Percentagem de indivíduos em risco de pobreza, 2003

País	Antes das transferências sociais	Após as transferências sociais
Suécia	29	11
Finlândia	29	11
Holanda	22	12
Dinamarca	32	12
Alemanha	24	16
França	26	12
Bélgica	29	16
Áustria	24	13
Itália	22	19
Espanha	22	19
Grécia	24	21
Irlanda	31	21
Reino Unido	26	18

Fonte: Eurostat.

14

Um Aviso para os Europeus

Estarão os Europeus ditosamente inconscientes dos problemas e desafios que esboçámos neste livro? Certamente que não. Há grandes preocupações com a sustentabilidade do Estado-providência, com os efeitos da competição asiática, com as pressões demográficas e migratórias vindas da Europa de Leste e do Norte de África, e com a fuga de cérebros, que faz com que a Europa perca muitos dos seus melhores estudantes e investigadores para os Estados Unidos. O facto de, ao longo do tempo, pouco ter sido feito para lidar com estes problemas é assustador, e algumas pessoas são induzidas a poupar mais e consumir menos, agravando assim os problemas da economia europeia.

Os políticos, porém, em vez de trabalharem juntos para resolver estes problemas, tranquilizam os eleitores prometendo «protecção» – protecção contra as importações chinesas, protecção contra a diversidade cultural que vem com a imigração, protecção contra a tecnologia superior de algumas empresas americanas, protecção dos empregos universitários, protecção dos agricultores ricos, dos pequenos comerciantes, dos ricos notários públicos, dos desempregados, dos pobres e dos velhos.

A palavra «protecção» pode ter uma conotação positiva: protecção dos mais fracos, protecção contra a agressão, protecção contra a adversidade. Mas o tipo de protecção a que nos referimos é de natureza diferente. É a protecção dos que estão dentro do sistema, dos que estão bem relacionados, à custa daqueles que beneficiariam com mais concorrência. É a protecção dos poucos contra os interesses dos muitos. Muitas vezes, os dois tipos de protecção são estrategicamente misturados, e aqueles que estão dentro do sistema usam esta confusão para proteger os seus privilégios. Por exemplo, pensemos nas leis de protecção laboral. Como vimos no capítulo 4, a protecção laboral é «vendida» ao público como uma forma de proteger os mais fracos, ou seja, os trabalhadores contra os interesses empresariais das administrações. Na prática, são antes uma forma de proteger os trabalhadores sindicalizados mais velhos e de negar a entrada de trabalhadores novos no mercado laboral.

O epicentro do proteccionismo encontra-se em França. Lionel Jospin, o ex-primeiro ministro francês, no seu livro recente intitulado *O Mundo Como Eu o Vejo*, ataca aquilo a que chama o «novo castelo» dos financeiros, industriais, altos funcionários públicos e jornalistas privilegiados, por promover a globalização à custa dos trabalhadores comuns. Entretanto, em França, a taxa de desemprego subiu de 8,4%, no início de 2000, para 9,5% em 2005. Durante o mesmo período, na Grã-Bretanha, o desemprego caiu de 5,5% para 4,7%. O proteccionismo faz-nos lembrar a Grande Depressão, que começou com o *crash* bolsista de 1929 e levou a uma explosão de proteccionismo, que agravou a própria crise e contribuiu para criar as condições económicas e políticas que degeneraram na Segunda Guerra Mundial.

Jospin situa-se à esquerda, mas quando se trata de garantir aos cidadãos que tudo está bem, que nada precisa de ser mudado, os problemas são todos reduzidos à globalização e ao desumano modelo social «anglo-saxónico», enquanto que a França pode fazer melhor e as diferenças entre a esquerda e a direita se esbatem. O candidato presidencial Nicolas Sarkozy, o mais proeminente político francês de direita, gosta de fazer declarações retóricas acerca da necessidade de reformas. Mas quando os privilégios dos agricultores franceses estão em perigo, Sarkozy critica qualquer tentativa de Bruxelas de fazer acordos de reduções de tarifas com os Estados Unidos. Se ele é incapaz de resistir à pressão dos agricultores, que representam uma fracção minúscula de todos os eleitores, como podemos nós confiar na sua capacidade de enfrentar qualquer outro grupo de interesses, que é o passo necessário para se implementarem reformas sérias?

Mas o proteccionismo está na moda em toda a parte, e não só em França. O ex-ministro italiano da Economia, Giulio Tremonti, publicou um livro, intitulado *Rischi fatali* [Riscos Fatais], no qual afirma que todos os problemas da Itália podem ser atribuídos ao euro e à entrada da China na OMC, e que a Itália precisa de ser protegida de ambos. Günter Verheugen, o comissário alemão para a Indústria em Bruxelas, continua a defender que, para os «campeões europeus», as regras antimonopolistas «devem ser aplicadas com cautela». A Itália é líder mundial na protecção dos bancos nacionais ineficientes; a resposta portuguesa à situação difícil em que o país se encontra é concentrar-se num inútil projecto de investimento em infra-estruturas. O proteccionismo económico é apenas a ponta do icebergue. O ex-primeiro-ministro espanhol, José Maria Aznar, pensa que os Europeus deviam redescobrir as suas «raízes cristãs e valores culturais e afastar o enorme erro do multiculturalismo, uma experiência falhada», ao qual ele associa a ascensão do terrorismo. Não admira que as pessoas se preocupem e cuidem das suas poupanças.

No entanto, é injusto dizer que os Europeus são unânimes no seu pensamento em relação ao proteccionismo. No Reino Unido, Tony Blair e David Cameron, ainda que em campos políticos opostos, têm sido acérrimos defensores da abertura. Mesmo na Europa continental, nem todas as vozes são uniformemente proteccionistas. Especialmente na Comissão Europeia, reconhece-se que o problema é haver proteccionismo a mais, e não a menos. A Comissão lutou arduamente, e com sucesso, pela política da concorrência, como vimos no capítulo 6. A exposição mais visível desta perspectiva é o Relatório Sapir (Julho de 2003), um documento da Comissão Europeia redigido por um grupo de economistas europeus, que foi alvo de grande atenção na Europa.

O relatório identifica correctamente a maioria dos problemas com que a Europa se confronta, mas, nas suas propostas, padece da típica síndrome europeia. Em primeiro lugar, confunde problemas grandes e pequenos na longa lista das medidas que propõe. Alguns, de facto, são importantes e outros têm menor relevância. Assim, dá aos políticos a opção de escolherem aquilo que é politicamente menos dispendioso e de adiarem as decisões verdadeiramente importantes. O relatório, por exemplo, analisa profundamente o Pacto de Estabilidade e Crescimento, explicando em pormenor as mudanças nas regras fiscais europeias. Como vimos no capítulo 6, é pouco provável que isto faça alguma diferença. Em segundo lugar, o relatório sugere que a solução para muitos problemas reside em mais despesa pública, na investigação e infra-estruturas, por exemplo. Isto não está correcto. No caso da investigação e das universidades, um item de grande investimento no Relatório Sapir, já mostrámos, no capítulo 5, que dar mais dinheiro às universidades europeias sem alterar as regras mais não fará do que engordar as rendas económicas de que muitos académicos europeus desfrutam. A solução não é gastar mais dinheiro público, mas fazer com que as famílias assumam o custo da educação e permitir que as universidades privadas compitam com as públicas. No que respeita ao ensino primário e secundário, está longe de ser óbvio que a Europa gaste demasiado pouco dinheiro público na educação. A escola secundária média europeia, provavelmente, proporciona um melhor ensino do que a escola secundária americana. Além disso, na Europa, os países que mais gastam na educação não produzem necessariamente melhor educação. Mas o dinheiro não constitui a totalidade do problema. Os professores são normalmente protegidos por sindicatos do sector público, que impõem a segurança laboral, que, obviamente, diminui o incentivo para se fazer um trabalho melhor.

A obsessão com as infra-estruturas é o outro ponto dos grandes gastos no relatório Sapir. A que se refere o apelo ao desenvolvimento de infra-estruturas? A doença económica da Europa não se pode dever à falta de comboios rápidos. Compare-se o Acela, um pretenso comboio rápido, que leva quase quatro horas para cobrir menos de 400 quilómetros entre Boston e Nova Iorque, com o TGV francês. Será o aeroporto JFK, de Nova Iorque, mais funcional do que o de Frankfurt? É pouco provável. A Interestadual 95, que percorre a costa leste dos Estados Unidos, ligando Boston, Nova Iorque, Filadélfia,

Washington e depois a Florida, tem melhor manutenção do que as auto-estradas alemãs? Nem pensar.

Então, do que é que a Europa necessita urgentemente? Concluímos o livro com uma breve lista daquilo que acreditamos serem as prioridades. Temos seis propostas que são suficientemente completas para dar pouco espaço aos políticos para escolherem a menos dispendiosa. A ordem em que as apresentamos não deve ser considerada um indicador daquilo que precisa de ser feito em primeiro lugar.

1. *Liberalização dos mercados de produtos e serviços.* Para os serviços financeiros, nomeadamente os bancos, a responsabilidade da supervisão devia ser transferida para uma autoridade europeia, modelada segundo as linhas da Autoridade Britânica dos Serviços Financeiros. A nova instituição deve ser independente da Comissão (para evitar o risco de pressão política) e do BCE, de modo a não envolver o BCE nos problemas relacionados com possíveis defeitos bancários. Para lidar com os conflitos de interesses discutidos no capítulo 6, esta nova instituição deve considerar a imposição de uma separação entre os bancos e os fundos mútuos, como recentemente fez Israel. Mas a liberalização não pode nem deve vir apenas de Bruxelas. As regras de ordenamento do território, claramente uma prerrogativa nacional, devem ser reconsideradas de modo a abrir o mercado de distribuição a grandes empresas internacionais, como o modelo da Walgreen, Target e as farmácias CVS. As restrições na distribuição de produtos seleccionados, por farmacêuticas licenciadas, por exemplo, devem ser levantadas. O acesso às profissões deve ser liberalizado, através da revogação das leis pelas quais muitos Estados europeus

regulam os serviços profissionais. As empresas que fornecem gás, serviços telefónicos e electricidade não devem ser proprietárias das redes pelas quais estes serviços funcionam. Quando as redes pertencem às empresas já instaladas, a entrada é difícil e estas nunca enfrentam concorrência séria. Como os pontos críticos numa rede são os que ligam um país a outro, a regulação das redes deve, tal como no caso dos serviços financeiros e por razões similares, ser transferida para uma autoridade europeia. Igualmente, não pode haver verdadeira concorrência se as maiores empresas de serviços públicos [*utilities*] forem controladas por governos estatais ou locais, como é ainda o caso em França, Itália, Alemanha e noutros países. A privatização total destas *utilities* é outra prioridade.

2. *Liberalização do mercado laboral.* Os custos dos despedimentos deviam ser eliminados ou, pelo menos, amplamente reduzidos, e o papel dos juízes nas disputas laborais amplamente diminuído. Em vez de se impedir as empresas de despedirem trabalhadores de que já não necessitam, os subsídios de desemprego deviam ser concebidos para proporcionar segurança aos trabalhadores no caso de desemprego. Estes subsídios deviam estar ligados à procura efectiva de emprego e ser suspensos no caso de o desempregado recusar um emprego para o qual seja considerado apto. Os subsídios de desemprego podiam ser parcialmente financiados pela tributação às empresas de uma taxa (moderada) de despedimento.

3. *Imigração.* As soluções extremas de abertura e encerramento totais não são exequíveis. A solução económica racional é a imigração seleccionada, como na

proposta do Cartão Verde(*) Europeu sugerida pelo Relatório Sapir. Os critérios para a emissão de cartões verdes devem equilibrar as necessidades dos mercados de trabalho locais e os potenciais custos sociais da imigração. Como dissemos atrás, há o risco de os governos serem capturados por grupos de interesses domésticos e não abrirem o suficiente a imigração.

4. *Investigação e Desenvolvimento*. Para melhorar o sistema, o ponto de partida não é mais dinheiro público. As universidades devem cobrar aos estudantes o custo da educação, reservando algum dinheiro para bolsas de estudo. Os subsídios estatais devem existir apenas na forma de bolsas de estudo, para serem usadas pelos estudantes onde quer que pensem poder ter um bom ensino. Ligar o pagamento destas bolsas ao sucesso esperado do estudante no mercado de trabalho, como foi recentemente adoptado no Reino Unido, é uma ideia a pensar. As regras de contratação opacas e centralizadas devem ser abolidas, e cada universidade deve ter a liberdade de contratar quem quiser e de pagar a uma pessoa tudo o que achar que esta vale. As universidades devem procurar mais activamente doações privadas. O dinheiro usado para pagar bolsas individuais de investigação deve ser atribuído da mesma maneira que, nos Estados Unidos, a National Science Foundation atribui as suas bolsas. O Relatório Sapir também propõe isto, mas não resiste à tentação de pedir mais dinheiro público. Pelo

---

(*) Visto emitido pelos EUA a cidadãos que façam parte da lista de países autorizados; o visto permite ao seu titular residir e trabalhar legalmente nos EUA; pode levar também o cônjuge e o(s) filho(s), desde que estes sejam solteiros e menores de 21 anos (*N. R.*).

contrário, os fundos podiam vir do dinheiro poupado com o encerramento dos grandes centros nacionais de investigação e da Direcção-Geral da Investigação na Comissão Europeia.

5. *Sistemas judiciais e o custo de fazer negócios.* As razões por que o custo de abrir uma empresa é elevado diferem de país para país. Por isso, as soluções têm de ser encontradas ao nível de cada país. É óbvio que os Italianos não podem continuar a desperdiçar 63 dias de trabalho para abrir uma empresa, quando nos Estados Unidos bastam quatro dias.

6. *Política fiscal.* Existem aqui muitos aspectos críticos. Um deles é como controlar os défices orçamentais, problema especialmente premente para os países com grandes dívidas. Isto deve ser feito rapidamente, cortando na despesa alguns pontos percentuais do PIB. As despesas na função pública, nas pensões públicas e nos vários subsídios devem constituir os alvos destes cortes, ainda que as proporções exactas dos cortes devam variar de país para país. Os aumentos de impostos não devem ser utilizados para se obter o equilíbrio fiscal; pelo contrário, os cortes na despesa devem ser suficientemente grandes para permitir reduções nas taxas marginais de impostos mais elevadas. O Banco Central Europeu pode desempenhar aqui um papel importante. Em vez de repetir simplesmente, mês após mês, que os governos devem ser fiscalmente mais responsáveis, o BCE, nas suas operações de mercado, podia começar a fazer uma discriminação entre os títulos dos países fiscalmente mais ou menos apelativas. Esta mudança simples nas regras de funcionamento do BCE seria mais eficiente para pro-

mover a disciplina fiscal do que uma reforma complexa do Pacto de Estabilidade e Crescimento. Cortar a despesa em alguns pontos percentuais do PIB não significa que a Europa deva abandonar o seu generoso Estado-providência: não é necessário um Estado com a dimensão igual a metade do PIB para pagar até mesmo um sistema generoso de apoio social. A maioria dos países europeus enfrenta o custo cada vez mais elevado dos seus sistemas de pensões e tendências demográficas adversas. As reformas das pensões não podem ser adiadas. A natureza destas reformas variará muito de país para país.

Para travar o seu declínio, a Europa não precisa de mais programas estatais, mais subsídios para investigação e desenvolvimento, mais dinheiro público para infra-estruturas, mais regulamentações e mais iniciativas «pró-crescimento». A Europa necessita apenas de criar os incentivos certos para se investir, correr riscos, trabalhar e investigar. O crescimento virá por acréscimo. Os Europeus podem evitar o declínio, desde que não apelem à «protecção» contra os desafios do mercado; devem é abraçar esses desafios.

Índice Remissivo

abordagem *laissez faire*, 174
acção afirmativa, programas de, 55
Acemoglu, Daron, 22, 99
Afeganistão, 213
África, 53, 59, 66, 227
Agence pour l'Innovation, 125
Agenda de Lisboa, 188, 193--195
Agenda for a Growing Europe, An, 62
Aghion, Philippe, 22, 99
Alberto II, príncipe do Mónaco, 176
Alemanha, 13, 27, 205
  banca e, 164
  conflitos de interesses e, 161
  desemprego na, 22
  despedimentos e, 93
  exigências laborais na, 21
  felicidade de, 22
  férias e, 83
  GmbH's e, 156-157
  horas de trabalho e, 26, 69-71, 80
  insatisfação na, 25
  marxismo e, 44
  Merkel e, 117
  modelo social da, 14
  Pacto de Estabilidade e Crescimento e, 214
  políticas nórdicas e, 23
  posse de casa própria e, 146
  República de Weimar e, 22
  Schroeder e, 93
  sistemas de pensões e, 215-216
  taxa de dependência e, 60
Alesina, Alberto, 30
Algan, Yarn, 95
Alstom, 121
América Latina, 25, 54
Angeletos, George Marios, 50
antimonopolistas, políticas, 139--141
apoio/segurança social, 13, 22, 235
  Alemanha e, 84
  benefícios percebidos do, 40
  crescimento e, 18-19, 41-42
  demografia etária e, 26
  desigualdade e, 31
  diferenças EUA/UE no, 31-51
  dívida pública e, 21
  férias e, 84
  furacão *Katrina* e, 57
  imigração e, 44-48, 50, 53-55
  inflação e, 21
  marxismo e, 38, 43-45, 49

mobilidade social e, 39-40
modelo anglo-saxónico e, 15, 22
modelo social e, 15-22
pensões e, 35-37, 49
questões raciais e, 46-48
reformas e, 40-42
sindicatos e, 47-50
sustentabilidade do, 227
trabalho especializado e, 61-64
aposentação, 35-37
Apple Computers, 118
Argentina, 19, 24
Astérix, aldeia de, 23
Áustria, 34, 36, 60, 140, 162
Autoridade Antimonopolista Europeia, 141
Autoridade Britânica de Serviços Financeiros, 232
Autunno caldo, 81
AXA, 164
Aznar, José Maria, 229
Baader Meinhof, 21
baixa médica, 72, 75
banca, 16, 120, 125-128
  cartéis e, 158
  competição nos, 134-136, 159--165
  conflitos de interesses nos, 153-165
  euro e, 199-210
  Riegle-Neal Act e, 162
  sistema da Reserva Federal e, 161-162
  títulos de dívida e, 164-165
Banco Central Europeu, 235
  conflitos de interesses e, 159--165
  euro e, 199-210

  liberalização e, 134-137
Banco de Itália, 159, 160-163
Banco de Inglaterra, 161, 163
Banque de France, 161
Barroso, José Manuel Durão, 169
Beffa, Jean Louis, 125
Benetton, 123, 124
Big Bang, abordagem, 133-135
Bilbao, 163
Blair, Tony, 23, 110, 230
Blanchard, Olivier, 91
Bocconi, universidade, 105
Boeing, 116, 126, 127
Brigadas Vermelhas, 21
brindes, 134
Bush, George W., 13, 213
Cahuc, Pierre, 95
Cameron, David, 230
campeões nacionais, 122, 125, 136, 152, 205, 229
Canadá, 66, 140
capitalismo, 15, 43, 223
cartéis, 136, 140
categorias superprotegidas, 32, 35
Chaebol, 100
Charleroi, aeroporto, 137, 138
China, 26-28, 102, 205, 229
Cirio, 156, 158, 159
Clinton, Bill, 179, 215
código cível, 149
comércio interno, 161
Comissão Europeia, 62, 182-185
  euro e, 203
  liberalização e, 135-137
  Relatório Sapir e, 234-235
Companhias aéreas
  Air France, 138
  Airtours, 139, 141
  Alitalia, 138

Índice Remissivo

Ryanair, 133, 137-138
comunismo, 27, 43, 45, 53
concorrência, 15, 232
  banca e, 134-135
  campeões nacionais e, 120-128
  China e, 22
  Comissão Europeia e, 134-141
  destruição criativa e, 118-119
  efeitos da regulação e, 118-129
  flexibilidade do mercado e, 127-129
  fusões e, 139-141
  indústria informática e, 117-119
  keiretsu e, 99-101
  liberalização e, 131-141
  licenciamento e, 118
  notários públicos e, 120-121
  produtividade e, 127-129
  proteccionismo e, 22-23, 227-229
  sindicatos e, 128
  subsídios e, 120-128, 135-139
  tecnologia e, 99-105
  universidades e, 112-114
  ordenamento do território e, 119-120
conflitos de interesses
  bancos e, 153-165
  cartéis e, 158
  causas dos, 156-159
  Comissão Europeia e, 157
  comportamento regulador e, 159-161
  escândalos bolsistas e, 153-155
  Estados Unidos e, 153-154
  GmbH's e, 156-157
  Sarbanes-Oxley Act e, 155
Conselho da União Europeia. *Ver* União Europeia
Conselho Europeu, 169, 182, 190
consumo, 21, 69-71
convergência, 17, 191
Coreia, 18, 22, 99
Crédit Lyonnais, 126
crescimento, 17-19
  ajustes orçamentais e, 211-225
  despesa militar e, 27-29
  economia de serviços e, 65
  euro e, 199-202, 205
  horas de trabalho e, 69-72, 83-85
  impostos e, 71, 72
  interferência do governo e, 41-43, 106
  lazer e, 25-27, 70-72
  pacto de Estabilidade e Crescimento e, 180, 192, 214, 231
  propostas para o, 233-236
  subsídios e, 29
  tecnologia e, 21-22, 98-102
  Terceiro Mundo e, 27
crise petrolífera, 21
Cuba, 27
cuidados infantis, 188, 189
cultura de dependência, 32
cultura de estagnação, 19
custos de despedimento, 89-91
  abordagem nórdica aos, 93-95
  Alemanha e, 93
  contratos superprotegidos e, 92-93
  modelo flexi-segurança e, 95-96
  sindicatos e, 96-97
  taxas para, 91
CVS, 232
desemprego, 65, 71, 228
  custos de despedimentos e, 87-97

França e, 228
liberalização e, 234
segurança laboral e, 87-97
seguros e, 91-92
sindicatos e, 103-105
universidades e, 106
desigualdade, 14, 29-30
  categorias superprotegidas e, 33
  despesa social e, 33-35
  diferenças EUA/UE na, 32-51
  felicidade e, 18-20, 22-25, 31
  impostos e, 31-33
  marxismo e, 38-45, 49
  redistribuição do rendimento e, 45-47
  sistema judicial e, 140-152
  subsídios e, 120-128, 135-139
  World Value Study e, 35-37
despesa militar, 28, 178
despesa social. *Ver* apoio social
destruição criativa, 101, 117, 118, 157
Di Tella, Rafael, 31
Dinamarca, 110
  modelo da flexi-segurança e, 94
  questões orçamentais e, 219
  tempo para abrir uma empresa na, 150
direitos de propriedade, 43
dirigismo, 174
  Agenda de Lisboa e, 187-190, 194-196
  ciência social e, 190-193
  estabelecimento de objectivos e, 194
  livros brancos e, 194
  Pacto de Estabilidade e Crescimento e, 192
  política fiscal e, 187-197

diversidade, problemas da, 29, 227
economia paralela, 72, 74, 75, 78, 88
económicas, questões
  aplicação dos contratos e, 143--149
  cultura de estagnação e, 19-21
  declínio económico, 16-30
  economia paralela e, 72, 74
  euro e, 199-210
  felicidade, 18-20
  Grande Depressão e, 228
  imigração e, 53-66
  investigação e desenvolvimento (I&D) e, 114-116
  negócios internos e, 161
  Pacto de Estabilidade e Crescimento, 180, 192, 213-215, 231
  pensões e, 35-37, 49, 71-72, 214-217, 235
  poder relativo e, 17-20
  propostas para, 233-236
  recursos e, 21
  regras do salário mínimo e, 37
  Sarbanes-Oxley Act e, 155--156
  subsídios e, 29, 120-128, 135--139, 176-179, 205, 234--236
  tecnologia e, 99-103
  trabalho e, 37 (*ver também* trabalho)
  União Europeia e, 167-185
EDF, 123
educação, 21
  apoio social e, 39-41
  Blair e, 111

Índice Remissivo

desigualdade e, 31
elitismo e, 110-115
imigração e, 26
índices de citação e, 106
investigação e desenvolvimento (I&D) e, 114-116
Itália e, 25-26
laureados com o Nobel e, 115
redistribuição do rendimento e, 37
tecnologia e, 102
trabalho especializado e, 61-66
universidades e, 104-114, 234
efeitos não keynesianos, 218
empresas de serviços públicos (*utilities*), 131-133, 135-137, 233
empresas
  adaptabilidade e, 101-102
  aplicação dos contratos e, 143--149
  campeões nacionais, 120-128
  comércio interno, 161
  competição e, 117-119 (*ver também* competição)
  conflitos de interesses e, 153--165
  despesa militar e, 115-116
  escândalos em, 153-155
  fusões e, 139-141
  investigação e desenvolvimento (I&D) e, 114-116
  liberalização e, 131-141
  presidentes executivos e, 103, 153-155
  privatização e, 137-139
  reestruturação e, 103
  Sarbanes-Oxley Act e, 155
  sistema judicial e, 143-152

tecnologia e, 99-105
energia, sector da, 131-133, 175
Engels, Friedrich, 43, 45
Enron, 103, 153-156
Espanha, 176
  Aznar e, 229
  distribuição de rendimentos e, 37
  euro e, 205-207
  felicidade e, 23
  imigração e, 59-61
  marxismo e, 43
  políticas nórdicas e, 22
  taxa de dependência e, 60
  tecnologia e, 101
estabelecimento de objectivos, 193
Estados Unidos
  autorizações de residência e, 61
  cartéis e, 140
  cidadania fácil e, 61
  como inimigos da paz mundial, 13
  comunismo e, 43-45
  Constituição, 42-44
  declínio dos, 20
  Departamento de Justiça, 140
  despesa militar e, 27-29, 115--116, 177-179
  despesa social e, 32-34
  diversidade dos, 54
  educação e, 108-114
  escândalos bolsistas e, 153
  euro e, 208
  felicidade e, 22-25
  férias e, 71-74, 78-79, 83-84
  furacão Katrina e, 57
  guerra do Iraque e, 177, 213
  horas de trabalho e, 69-85

imigração e, 15, 26, 54-57, 61, 63
investigação e desenvolvimento (I&D) e, 113-116
lazer e, 69-71
marxismo e, 42-45, 50
mobilidade social dos, 38
políticas do Pentágono e, 134
questões orçamentais e, 211--214
questões raciais e, 46-48, 54--59
reduções de impostos e, 216
representação proporcional e, 47
Riegle-Neal Act e, 162
Sarbanes-Oxley Act e, 154--156
segurança laboral e, 87-97
sindicatos e, 47-49
sistema da Reserva Federal e, 160-162
sistema de classes e, 38, 42
sistema do cartão verde e, 66
sistema judicial e, 149
subsídios e, 28
tecnologia e, 26, 99-102, 113--116
tensões francesas e, 13
União Europeia e, 175
uso da força e, 14
estreito de Gibraltar, 53
euro, 187, 199-210
Europa
 cartéis e, 140
 concorrência e, 117-129
 comunismo e, 27, 43-45, 53
 conflitos de interesses e, 153--165
 crescimento na, 20-23, 38
 declínio económico e, 15-26
 despesa militar e, 27-29
 despesa social e, 32-36
 diferenças com os EUA e, 13--15 (*ver também* Estados Unidos)
 dimensão do Estado e, 34-35
 diversidade da, 28-30
 economia de serviços e, 64
 educação e, 104-114
 encerramento de fronteiras e, 62
 escândalos bolsistas e, 153-155
 felicidade e, 22-25
 férias e, 71-74, 78-85
 horas de trabalho e, 13-14, 21-26, 69-85
 imigração e, 14, 26, 54, 58-66
 investigação e desenvolvimento (I&D) e, 113-116, 233-236
 lazer e, 13-15, 24-26, 69-72, 73, 78-85
 marxismo e, 49
 Nações Unidas e, 27
 política agrícola e, 59
 políticas nórdicas e, 22-23, 37, 93-96, 150
 propostas para, 232-236
 proteccionismo e, 22-24, 174--176, 227-230
 questões raciais e, 46-48, 57
 recursos e, 21
 redistribuição do rendimento e, 34-37
 rendimento médio na, 53
 segurança laboral e, 13-14, 87--97
 sistema de classes e, 38, 49

Índice Remissivo

taxa de dependência e, 59
tecnologia e, 99-105
Fazio, Antonio, 160, 161, 163
federalistas, 168, 174
Feldstein, Martin, 202
férias, 69-85
Fiat, 124
Fidelity, 157, 158
First Choice, 139, 141
Força Europeia de Reacção Rápida, 116
Forças de Manutenção da Paz, 179
França, 13-14, 18-20, 144-146, 162
  Agence pour l'Innovation e, 125-127
  canalizadores polacos e, 61-64
  custos de despedimento e, 88-89
  desemprego e, 228
  dirigismo e, 173, 187-197
  distribuição de rendimentos e, 35-37
  École National d'Administration e, 100
  felicidade e, 22
  Frente Nacional e, 56-58
  horas de trabalho e, 26, 69-74, 79-83
  insatisfação em, 24
  liberalização e, 135-137, 180
  marxismo e, 43
  Mitterrand e, 79-81
  Nações Unidas e, 27
  Pacto de Estabilidade e Crescimento e, 213
  políticas nórdicas e, 22
  proteccionismo e, 22-24
  revoltas na, 28-30, 58, 81
  subsídios e, 121-127, 205
  taxa de dependência e, 60
  tecnologia e, 100
  União Europeia e, 167-170
Front National, 57
Friedman, Benjamin, 19
Friedman, Milton, 202
Fundo Monetário Internacional (FMI), 27
furacão Katrina, 57
fusões, 138-141, 160
gás, preços do, 118
General Electric, 140
Geoana, Mircea, 62-64
Glaesar, Edward, 148-150
governo. *Ver* política,
Grande Depressão, 228
Grasso, Richard, 153
Grécia, 162
grupos de interesses, 131-141
  liberalização e, 131-141
  proteccionismo e, 131-141, 238
Haider, Jorg, 56, 59
Hitler, Adolfo, 92
Holanda, 164-169, 176, 179
Holbrooke, Richard, 179
honestidade, 95
Honeywell, 140
horas de trabalho, 21-27, 69-85
How to End a War (Holbrooke), 179
Hunt, Jennifer, 82
IBM, 117-119
imigração, 14, 26, 43-50, 53-67, 233-234
impostos, 13-14, 21
  cortes nos, 216
  desigualdade e, 32-34

despedimentos, 91
distorção nos, 32
efeito de desincentivo e, 51
férias, 78-80
horas de trabalho e, 70-72, 78-80
liberalização e, 131-133
mobilidade e, 51
monopólios e, 131-133
questões orçamentais e, 212--215, 223
recessões e, 212-214
redistribuição de rendimentos e, 34-37
subsídios e, 120-128
trabalho e, 25
visão americana dos, 39
visão europeia dos, 39
Índia, 26, 27, 65, 66, 102
indústria aeronáutica
    Airbus, 116, 126, 127, 178
    Boeing, 116, 126, 127
    Lockheed Martin, 116
    McDonnell Douglas, 127
indústria do aço, 135
indústria têxtil, 23, 101
inflação, 21, 192, 193, 199-201, 205, 206, 208
inovação
    Comissão Europeia e, 133-141
    subsídios e, 119-128
intergovernamentalistas, 168--172, 173
Internet, 115
Investigação e Desenvolvimento (I&D), 234
    Conselho Europeu e, 190-192
    subsídios e, 113-116, 123-128
Irão, 20

Iraque, 13, 110, 115, 177, 213
Irlanda, 132, 173, 192, 204, 219, 221
Isabel, rainha de Inglaterra, 176
Israel, 13, 232
Itália, 19-22, 162, 192
    Autumno caldo e, 81
    cheques sem cobertura e, 148
    conflitos de interesses e, 159
    custos de despedimento e, 88
    distribuição de rendimento e, 37
    educação e, 24-26, 108-112
    euro e, 200, 205-207
    exigências laborais na, 21
    felicidade e, 22
    horas de trabalho e, 25, 69-72, 79
    imigração e, 60-62
    índices de citação e, 106
    insatisfação na, 25
    Liga do Norte e, 57
    liberalização e, 135
    marxismo e, 43
    Pacto de Estabilidade e Crescimento e, 214
    políticas nórdicas e, 22
    proteccionismo e, 229
    questões orçamentais e, 220--222
    sistema judicial e, 150
    subsídios e, 121-125
    taxa de dependência e, 60
    taxas de penalidades e, 148
    tecnologia e, 100-102
    Tremonti e, 229
jacto A380 Super Jumbo, 126
Japão, 20, 22, 27, 99, 100, 114, 126

Jospin, Lionel, 192, 228, 229
Jugoslávia, 177, 180
Keiretsu, 100
Kroes, Neelie, 140
lay-offs, 89
lazer, 13-15, 21, 23-26, 69-85
Le Pen, Jean-Marie, 57, 58, 67
Liga do Norte, 57
liberalização, 131-141
licenciamento, 118
livros brancos, 193, 194
marxismo, 42, 43
McCulloch, Robert, 31
mercados
   abordagem *laissez faire* e, 174, 180
   aplicação dos contratos e, 143--149
   banca, 159-165
   bolha bolsista dos anos 90, 153
   conflitos de interesses e, 153--165
   custos de despedimento e, 89--97
   dirigismo e, 173, 187-197
   economia paralela e, 70-74
   educação e, 104-114
   euro e, 199-210
   flexibilidade e, 87, 127-129
   imobiliários, 145-147
   interferência do governo e, 106
   liberalização e, 131-141, 233
   licenciamento e, 118
   modelo social e, 14, 22
   programas de acção afirmativa e, 55
   propostas para, 232-236

proteccionismo e, 227-230 (*ver também* proteccionismo)
regulação dos, 37 (*ver também* regulação)
Sarbanes-Oxley Act e, 154--156
segurança laboral e, 87-97
sistemas judiciais e, 140-152
tecnologia e, 99-105
União Europeia e, 167-185 (*ver também* União Europeia)
Merkel, Angela, 15, 117
Microsoft, 140
Mitterrand, François, 81
monopólios, 119-133
Monti, Mario, 136, 139, 140
muçulmanos, 53, 179
multiculturalismo, 230
Mundo Como Eu o Vejo, O, (Jospin), 228
Nações Unidas, 27, 28
Napoleão, 149
National Science Foundation, 234
Nationsbank, 162
NATO, 116, 174, 175, 177, 178
Nestlé, 177
New York Stock Exchange (NYSE), 153, 154
notários públicos, 120, 121, 123, 227
Nova Zelândia, 161
OCDE, 78, 79, 143, 150, 216
Organização Mundial do Comércio (OMC), 229
Pacto de Estabilidade e Crescimento, 180, 192, 193, 214, 230, 236
Parks, Rosa, 56

Parlamento Europeu, 169, 180, 182, 184
Parmalat, 153, 156, 158, 159
patriotismo económico, 175
Patten, Chris, 180
pensões, 235
   ajustes orçamentais e, 215--217
   horas de trabalho e, 71-72
   modelo social e, 34-36
Perotti, Roberto, 105, 108, 112
Phillip Morris, 176
pobreza, 31-51
   imigração e, 58-60 (*ver também* imigração)
   questões raciais e, 57 (*ver também* questões raciais)
política, 230-231
   abordagem *laissez faire* e, 173, 180
   acusação burocrata e, 150
   categorias superprotegidas e, 32
   comunismo e, 27, 42-45, 53
   crescimento e, 20-21
   despesa militar e, 177-179
   dimensão populacional e, 27
   dirigismo e, 187-197
   euro e, 201-203
   favoritismo e, 136-139
   federalistas e, 168-174
   interferência do governo e, 35, 106
   intergovernamentalistas e, 168--174
   intervenção e, 32-33
   liberalização e, 131-141
   marxismo e, 38, 43-45, 50
   NATO e, 175-178
   proteccionismo e, 22-24, 227--230 (*ver também* proteccionismo)
   questões orçamentais e, 220--225
   questões raciais e, 54-57
   redistribuição do rendimento e, 33-37
   representação proporcional e, 47
   sindicatos e, 47-49, 81-82, 96, 128
   subsídios e, 28-29, 120-128, 135-139, 176-178, 205-206, 234, 236
   União Europeia e, 167-185
políticas, 30, 235
   agrícolas, 59, 176-178, 228
   ajustes orçamentais e, 211-225
   antimonopolistas, 139-141
   categorias superprotegidas e, 32
   competição e, 117-129 (*ver também* competição)
   cultura de dependência e, 32--33
   despesa social e, 32-36
   destruição criativa e, 117
   dirigismo e, 187-197
   École National d'Administration e, 100
   Educação e, 107-114
   imigração e, 53-66
   liberalização e, 131-141 (*ver também* liberalização)
   lóbis internos e, 66
   nórdicas, 23, 37, 92-96, 150
   ordenamento do território e, 118-120

Índice Remissivo

Pacto de Estabilidade e Crescimento e, 180, 192-193, 214, 230, 236
Pentágono e, 133
programas de acção afirmativa e, 55
questões de despedimentos e, 87-97
tecnologia e, 99-100
União Europeia e, 167-185 (*ver também* União Europeia)
vontade do eleitorado e, 23-25
Portugal, 160
  euro e, 200
  Pacto de Estabilidade e Crescimento, 214
  produtividade e, 22, 205, 207
Prescott, Edward, 78
presidentes executivos (CEO), 102, 103, 153
privatização, 232
  liberalização e, 135-139
Prodi, Romano, 196
produtividade, 22, 206-207
  competição e, 127-128
  custos de despedimento e, 88
  declínio norte-americano na, 20
  economia paralela e, 71-74
  férias e, 84-85
  flexibilidade do mercado e, 127-129
  horas de trabalho e, 69-85
  lazer e, 69-71
  motores eléctricos e, 101
  produção familiar e, 72
  tecnologia e, 99-105
Produto Interno Bruto (PIB), 235
  convergência e, 17
  declínio económico e, 17
  despesa militar e, 177-179
  despesa social e, 32-35
  determinação do, 235
  Grã-Bretanha e, 17
  Irlanda e, 192, 219-222
  Itália e, 220-222
  questões orçamentais e, 211-214
  sector dos serviços e, 175
  Segunda Guerra Mundial e, 17
proteccionismo, 22-23
  desemprego e, 228
  efeitos negativos do, 227-230
  grupos de interesses e, 131-141, 228
  União Europeia e, 175-179
questões de saúde, 21, 74, 215
questões orçamentais, 211-225
questões raciais, 46-48, 53-60, 67
questões sociais
  comunismo e, 38, 41-45
  cuidados de saúde, 21, 74, 215
  declínio económico e, 15-30
  desigualdade e, 37-39 (*ver também* desigualdade)
  dirigismo e, 173, 187-197
  diversidade e, 29-30
  efeito multiplicador e, 23
  felicidade, 19-20, 22-25, 31
  férias e, 71-74, 78-85
  honestidade, 85
  horas de trabalho e, 13-14, 23-26, 69-85
  imigração e, 53-66
  insatisfação e, 24-25
  marxismo e, 38, 42-45, 49
  mobilidade e, 38-40
  pensões e, 34-36, 49, 70-72, 215-217, 235

raça e, 46-48, 53-67
sistema de classes, 38, 42, 50
União Europeia e, 171-174
Reagan, Ronald, 88
reduções de tarifas, 229
reforma, 15-17, 228
   ajustes orçamentais e, 211-225
   comércio interno e, 160
   conflitos de interesses e, 153--165
   Estado providência e, 40-42
   euro e, 204-208
   lado da oferta e, 204
   pensões e, 235
   proteccionismo e, 22-24
   questões de despedimento e, 87-97
   sistema judicial e, 140-152
   União Europeia e, 180
regulação, 71-72
   Agenda de Lisboa e, 187-197
   aplicação dos contratos e, 143-149
   competição e, 117-128
   comportamento regulador e, 159-160
   conflitos de interesses e, 153--165
   desregulamentação e, 103-105
   liberalização e, 131-141
   sistema judicial e, 143-152
   tempo para criação de uma empresa e, 150-152
   União Europeia e, 167-185
Reino Unido, 177
   abordagem *laissez faire*, 174
   Agenda de Lisboa e, 194
   Autoridade Britânica dos Serviços Financeiros e, 232
   Brown e, 230
   declínio do, 17
   desemprego e, 228
   horas de trabalho e, 69-72
   índices de citação e, 105-106
   modelo social e, 23
   separatismo e, 177
   sistema judicial e, 150
   tecnologia e, 102
   Thatcher e, 17
Relatório Sapir, 107, 230, 231, 234
rendimento
   economia paralela e, 71, 74
   felicidade e, 18-20
   ganhos em, 84
   horas de trabalho, 69-85
   imigração e, 53
   lazer e, 70-71
   médio europeu, 53
   mobilidade e, 38-40
   pensões e, 35-37, 48-49, 71--72, 215-218, 235
   poder económico relativo e, 18-20
   produção doméstica e, 74
   redistribuição do, 31-37, 45--48
   regras de salário mínimo e, 35--37
República Checa, 161
República de Weimar, 22
Reserva Federal, 161, 163
Riegle-Neal Act, 162
Rischi fatali (Tremonti), 229
Roménia, 63
Royal Ahold, 153
Royal Dutch Shell, 176
Santander, 163

Índice Remissivo

Sarbanes-Oxley Act, 155, 156
Sarkozy, Nicolas, 58, 121, 129, 229
Schroeder, Gerhard, 93
sector dos serviços, 64, 65, 127, 129, 175, 180, 204, 206, 232
segurança laboral, 13-14, 87-97
Ver também trabalho
Sérvia, 179
Shleifer, Andrei, 145, 149, 150
sistema do cartão verde, 66, 234
sistemas judiciais, 143-152, 183--184, 233-235
socialismo, 47-50
Soziale Marktwirtschaft (economia de mercado social), 14, 16
Stigler, George, 131
subsídios, 28-29, 113-128
 agrícolas, 176-179
 ilegais, 135-139, 233-236
Suécia, 145
 imigração e, 58, 60
 questões orçamentais e, 224
Target, 232
Tate & Lyle, 177
táxis, 118, 132
tecnologia de informação e comunicação (TIC), 101
tecnologia, 99-116
 competição e, 117-119
 crescimento e, 19-21
 Estados Unidos e, 26
 investigação e desenvolvimento (I&D) e, 113-116, 123-128, 189-190, 233-236
 militar, 27-29, 114-116, 177--179
 Segunda Guerra Mundial e, 22
 subsídios e, 126-128

telecomunicações, 115-116, 132--133, 232-233
telemóveis, 115-166
Terceiro Mundo, 28
terrorismo, 229-230
Tetra Laval, 139
TGV, 121, 122, 126, 231
Thatcher, Margaret, 17
Tirole, Jean, 91
Toyota, 127
trabalho
 Agenda de Lisboa e, 187-190
 baixa médica e, 77
 benefícios e, 72-78, 94-96
 comunismo e, 45
 contratos superprotegidos e, 91-93
 custos de despedimento e, 88--97
 desemprego e, 65, 71, 87-97, 103-105, 228-229, 233
 desregulamentação e, 203-105
 especializado, 60-66
 férias e, 71-74
 honestidade de, 95
 horas de trabalho e, 69-86
 imigração e, 61-63
 liberalização e, 233
 lobistas e, 120
 modelo de flexi-segurança e, 94-96
 mulheres e, 188
 Portugal e, 206-207
 produção familiar e, 72
 produtividade e, 83-84 (ver também produtividade)
 redistribuição do rendimento e, 35-37
 regras do salário mínimo e, 35

regulação do mercado e, 87-90
segurança laboral e, 87-97
sindicatos e, 37, 47-50, 71, 79--82, 95-97, 103-105, 128, 135-136, 155-157
União Europeia e, 174-176
Tremonti, Giulio, 199, 229
Tribunal Europeu de Justiça, 135, 138, 140, 141, 184, 185
Tyco, 153, 154
União Europeia, 53
   abordagem francesa e, 174--175
   abordagem *laissez faire* e, 174, 180
   actos legislativos da, 171--176, 182-184
   Agenda de Lisboa e, 187-190, 193-196
   benefícios da, 167
   ciência social e, 189-193
   Comissão Europeia e, 183--184
   Conselho da, 182-183
   despesa militar e, 177-179
   dirigismo e, 187-197
   euro e, 199, 210
   federalistas e, 168-174
   imigração e, 62-64
   intergovernamentalistas e, 168-174
   Justiça e Assuntos Internos e, 168-174
   liberalização e, 181
   mercado comum e, 172-182
   NATO e, 174, 178
   Pacto de Estabilidade e Crescimento e, 180, 192, 213--215, 230
   política agrícola e, 176-179
   política externa e, 176-179
   processo de integração da, 167-172
   projecto do Mercado Único e, 168
   proteccionismo e, 174-176
   questões orçamentais e, 211--225
   Segurança e Política Externa Comuns e, 181
   separação de poderes e, 168--174, 181-184
   trabalho e, 174-176, 180
   Tribunal Europeu de Justiça e, 184
União Soviética, 114
universidades, 16, 26, 104-115, 234
   programas de acção afirmativa e, 56
Van Drie, 176
Verheugen, Günter, 125, 136, 229
vigilância por satélite, 115
Vlaams Blok, 57
Volkswagen, 103
Walgreen, 232
World Value Survey, 37
WorldCom, 153, 154
Zilibotti, Fabrizio, 22, 99